Руководство по Чистым Знаниям

Руководство по Чистым Знаниям

ALDIVAN TORRES

aldivan teixeira torres

CONTENTS

1. Цените свои корни   1

1

Цените свои корни

"Руководство по Чистым Знаниям"
Aldivan Torres

Руководство по Чистым Знаниям

Автор: Aldivan Torres
©2018- Aldivan Torres
Все права защищены

Эта книга, включая все ее части, защищена авторским правом и не может быть воспроизведена без разрешения автора, перепродана или передана.

Алдиван Торрес, Провидец, является хорошо зарекомендовавшим себя писателем в нескольких жанрах. На сегодняшний день издания опубликованы на девяти языках. С ранних лет он всегда был любителем писательского искусства, закрепив профессиональную карьеру во второй половине 2013 года. Он надеется своими сочинениями внести свой вклад в бразильскую культуру, пробудив удовольствие от чтения у тех, у кого еще нет привычки. Его миссия – завоевать сердца каждого из своих читателей. Помимо литературы, его основными вкусами являются музыка, путешествия, друзья, семья и удовольствие от жизни. «За литературу, равенство, братство, справедливость, достоинство и честь человека всегда» — таков его девиз.

Руководство по Чистым Знаниям
трудное время и воскресение
гарант
бедные и богатые
что искать
ценность знаний
день гибели
будущее праведников
не путайте вещи
Они лгут
соблюдайте свои ограничения
стреляные стрелы
выполняйте свои обещания
не попадайте в неприятности
паломники

РУКОВОДСТВО ПО ЧИСТЫМ ЗНАНИЯМ

где бы ты ни был, Я буду с тобой
Никакое разделение не является окончательным
что я ищу
Я город, закрытый стенами
Честь человека и Бога
несправедливое проклятие
Не попадайте в неприятности
Не играйте с тем, чего не знаете
Ты меня любишь?
Поцелуем ты предал меня
Не жалуйтесь на текущую ситуацию
Цените свои корни
Кто мой сосед?
Разбивание чистого сердца
как вы можете найти меня?
Обзор жизни
Накормите себя плодами своей работы
будь смелым, как лев
мое королевство
Я никогда не брошу тебя
Я обладатель всей силы и мудрости
закон Божий
молитва, которую я хочу
Горе нечестивым
Я дам тебе все
быть реалистичным и простым
интерес
тяжесть греха
определите себя

живая реальность

Легкие деньги

конструктивная критика

родители священны

признать нуждающихся

избегайте сексуальной мерзости

быть твердым

Контроль над противоборствующими силами

угнетатель и угнетенные

Моя уверенность исходит от Бога

Боже, я маленький

Пожертвование и отстранение имеют лимит

путь орла в небе

Тропа змей по скалам

судоходный путь в море

Путь мужчины с молодой девушкой

Я хочу лучшего для тебя

Социальное неравенство в мире

останется только праведник

Я дам тебе дар вечности

презрение

не хочу занимать чье-либо место

муравьи-мои апостолы

крысы и скалы

Я царь королей и владыка лордов

Послание для тех, кто использует оккультные искусства

Моя знаю меня

Я лев Давида

Совет матери королю

отношения

не беспокойтесь о тщеславных вещах

Счастье исходит от Бога

Телесная смерть – это конец всего

просто подумайте о вечном царстве

безудержная конкуренция

Единство – это сила

не успокоиться

повиноваться

потеря состояния

мудрый совет

Оставайтесь серьезными

Столкнувшись с невозможным, не расстраивайтесь

Кого я выберу?

разделение вещей

Будущее

золотые правила

не богохульствуйте

Где мое счастье?

Я непостижим

важность жизни

Я заклинатель змей

Угнетение человека и божественное милосердие

Божественное спасение, когда меньше всего ожидается

ненавидеть упущение

Божественное обетование

уметь различать

Моя миссия

Из тенистой бездны тьмы я позвал своего сына

доверьтесь мне больше
Вредители из Египта
Истребитель
Израиль как пример миру
Я пойду с тобой до конца света
Субботний день
Я живая вода и еда
поднятые руки
заповеди
Я не хочу человеческой крови
Я сделаю себя известным
меня зовут справедливость
истинный акт щедрости
жертва за грех
Что такое нечистое?
вопрос о заболевании
Ритуальные формальности
Вопросы, связанные с сексом
делать все в нужной мере
Проблема гомосексуализма
те, кто во тьме
Жить постоянной благотворительностью
Относитесь к другим так, как вы ожидаете, что с вами будут относиться
безусловные отношения
Обещаю свою поддержку
праведник будет владеть землей
Я никогда не брошу тебя
практиковать прощение

Равноправие
Я тебя люблю
Уверенность приносит победу
Я выбрал тебя
Вот, мое спасение будет совершено
Истинное наследие
Серьезность обещаний
Я не хочу больше войн
Опасность изображений
Будь осторожен
Я ищу хорошего и верного человека
Я Бог
Нет золотой середины
Вопрос о послушании
Вот путь спасения
Не забывайте о своем происхождении
Будьте примером
Уважайте свободу и веру каждого из них
Помощь бедным
Не присоединяйтесь к плохим парням
Действуйте позитивно
Вот, Я среди тебя
Уважайте права других лиц
Опасность языка
Специальное сообщение
Перед лицом греха я просто плачу
Любовь должна быть прожита полностью
Будьте внимательны
Уважайте товары других

Основные права
Право быть счастливым
Отправление правосудия
Право на землю
Почтить память
Не причиняйте вреда другому
Равенство, свобода и братство
Знайте, как быть благодарным
Будьте верны
Награды
Моя любовь больше всего на свете
Не беспокойтесь о непонятном
Обведите свое сердце
Злоупотребление доверием
то, что я ненавижу
Кто меня любит?
Я источник жизни
Не верьте шарлатанам
Не отчуждать через религию
Я не бог войн
Будьте рациональны
дух единства
Месть
Ценность опыта
Я проявляю себя в смирении
интрига
опасность власти
Опасность коварного партнера
Выберите подходящего человека

Пример священства
Божий проект
Бог суверенен
Я сделаю тебя победителем
Не весь ад может победить меня
Любовь
Кто любит защищать и заботиться?
Можно ли восстановиться?
Миссия человека
Никто не обманывает Бога
Как действовать?
Сигнал
Кто я?
Письмо сыну
Сострадательный бог
Способ действовать так, как хочет Бог
Человеческая кровь
Две проститутки и дело о споре мальчика
Храм для меня
Вопрос о жертвоприношениях животных
Нет никого похожего на меня
обещание
У вас есть ценность
Где вера?
Молитва справедливости
Из Египта я позвонила своему сыну
Одно объяснение
войны
Я до сих пор верю

Имейте веру

малость человека

Не поддавайтесь злобе противника

лев Давида

ярмарка не извращает

Скажи «нет» идолопоклонству

Бог обеспечит

Немного света в темноте

Человек пожинает именно то, что посеял.

Консультация со злыми духами

Моя память останется навсегда

Семейное значение

Я преобрази твою жизнь

Чудо

Здоровье

Воспользуйтесь для Господа

Судьба

Убийца

Правителям

Любовь может превратиться в ненависть

потомство Христа

Ищите истинного счастья

Вы верите?

Я хочу молиться за тебя

Не будьте несправедливы

истинный закон

Вопрос о жертвоприношениях

Всегда помни обо мне

трудное время и воскресение

Столкнувшись с неблагоприятными условиями, его жизнь принимала все более сложные очертания. Он не мог ни учиться, ни работать, начался внутренний кризис, и друзья бросили его. Он впал в глубокую депрессию, и все сговорилось о его полном провале.

На дне колодца произошло чудо, и тогда его спасли. С тех пор в его отношении произошли заметные изменения. полные надежды и оптимизма в отношении будущего, работайте исключительно над действием Святого Духа. Это пример, который демонстрирует в трудные времена, что Бог может быть «нашим проводником и силой». Достаточно поверить и искренне покаяться.

гарант

«Карин Сделанный была молодой женщиной лет тридцати, блондинкой, невысокой, с подтянутыми ногами и руками, твердым и надежным лицом. Она была одинока, жила с родителями и была сотрудницей государственного банка в Ривере, Уругвай. Его можно определить как: внимательный, профессиональный, щедрый, заботливый, ласковый и с чрезмерным доверием относится к людям. Эта последняя характеристика стала причиной ее падения.

Однажды ее родственница попросила кредит в банке, где она работала. Поскольку у нее не было никаких гарантий, сотрудница предложила быть поручителем, чтобы деньги можно было отпустить. Человек не заплатил, и она была ответственна за долг. Несмотря на ее разочарование и ненависть к личности, это послужило для нее примером, чтобы усвоить великий урок: не доверяйте даже близким вам людям в финансовых вопросах. Если вы хотите и когда смогу, я буду жертвовать нуждающимся людям, но ни при каких обстоятельствах это не будет большим гарантом».

бедные и богатые

В далеком царстве был человек, который всю свою жизнь посвятил себя труду в поисках богатства и личного удовлетворения. Не имея досуга, он презирал своих друзей и Бога. Для него иметь было важнее бытия. Однако, когда он заболел тяжелой болезнью и потратил все свое имущество, чтобы получить лекарство, он обнаружил, что все его усилия были напрасны? Все здесь, на земле, временно.

В этом же царстве жил бедный человек, но преданный молитве, семье, помощи ближнему и щедрый. У него никогда не было богатства в жизни, но, когда он посвятил себя добру, он понял, что это его самое большое богатство. Когда он умер, он оставил наследие и важные ценности, которые должны были быть увековечены их потомками, «небеса» достигаются только добрыми делами, а не их покупательной способностью.

что искать

Ищите мудрость, труд, интеллект, страх и

благосклонность Бога, культ хороших ценностей, таких как: Достоинство, братство и понимание. Презирайте зло, эгоизм, ложь, гордыню, хитрость и амбиции. Все, что вы хотите, Бог даст вам за заслуги в свое время. Ищите сначала свое царство, чтобы все добавилось к нему.

ценность знаний

Знание ценнее силы и влияния, тот, кто является адептом в своем искусстве, гарантированно работает где угодно. Цените свой потенциал и удостойте свою карьеру. С Божьего благословения вы пожнете плоды.

день гибели

Вот, расплата наступит, ибо неразумных она называется днем позора, а праведника – днем спасения. Я отплачу каждому в соответствии с их делами на земле. Мои ангелы разделят их на плевелы или пшеницу, и справедливость восторжествует, поэтому позаботьтесь о настоящем времени и покайтесь. Я ваш любящий отец, и я могу простить вас искренним и преданным раскаянием. Моя милость непостижима.

Действуйте в соответствии с моими заповедями: Бойтесь Бога, стремитесь действовать в соответствии с ожидаемым им поведением. Освободите заключенных, утешите больных, помогите нуждающимся, посоветуйте отчаявшимся, признайте свою ошибку и измените свое отношение, покажите свою любовь и понимание ближнему. Тем не менее, делайте добро с отстраненностью и без скрытых мотивов.

будущее праведников

Я твой истинный отец, Бог невозможного всеведущего, вездесущего и всемогущего. Те, кто пойдут по Моему пути, следуя Моим заповедям, получат Мою помощь на всех этапах жизни. Это не значит, что у них будет легкая жизнь. В этот момент они почувствуют мою защиту и мою любовь больше присутствующих, потому что справедливые могут даже упасть, но они всегда будут подниматься снова благодаря моей силе. Дурак не знает ни моего закона, ни моей воли, и когда они падают, они идут прямо на дно колодца. Поэтому, если будет искреннее покаяние, я смогу услышать их и спасти их, потому что я Бог, отец всех. Не хочу меня обманывать, будет хуже.

не путайте вещи

Орасио был справедливым судьей в округе Буэнос-Айрес, Аргентина. Всегда правильный, он судил случай за случаем в соответствии с суверенным правом своей страны. Учитывая факты и доказательства, которые свидетельствовали против подсудимого, он использовал свое влияние, чтобы проигнорировать это и добиться его оправдания. Для этого все, что он делал прямо раньше, было забыто, и ему придется нести последствия своих действий.

Никогда не забывайте быть честными или правильными, так как последствия могут быть катастрофическими.

Они лгут

Вот, лжесвидетели восстали против меня и обвинили меня без причины. Они загнали меня в угол, когда я был уязвим, арестовали меня, привели в суд, и, поскольку они ничего не могли доказать против меня, они оставили меня на милость толпы, которую они не знали. Да, они не знали меня, потому что они судили и осуждали меня, поскольку я был невиновен. Они предпочли меня преступнику и подписали его приговор. Я древо жизни; у меня есть могучая ветвь, которая простирается к небу. Я семь истина, путь и жизнь. Я вернулся в свой дом на некоторое время, потому что я уже выполнил свою миссию, свое послание. Теперь я вернулся и обнаружил, что ты хуже, чем ты был. Ты отвергнешь меня снова? Я маленький кусочек Бога, который соизволил спустить себя с небес ради вас, любви, которую ваш хрупкий ум не может масштабировать. Ваша цель состоит в том, чтобы осветить холодные сердца так называемого человеческого народа моими словами. Так тому и быть.

соблюдайте свои ограничения

С течением времени человечество продвигается вперед, достигая передовых технологий во всех сегментах человека. Человек начинает мыслить масштабно, что он самодостаточен и что он больше не нуждается в моей поддержке и благодати. Вот в чем заключается опасность. Надо разделять вещи: как получается, что глиняный сосуд, который я вылепил руками и пронзил его духом, осмеливается сравнивать себя со мной? Я есть Бог, начало, середина и конец всего сущего. Я высший во всей вселенной, и нет никого, подобного мне. Человек должен выполнить миссию, возложенную с самого начала, и со смирением достичь, дар жизни и мои милости. Человек не Бог, и дни его сочтены!

стреляные стрелы

Слова, которые причиняют боль, брошенная стрела, предательство, проклятие, пролитое молоко – это непоправимые факты, которые невозможно повернуть вспять. При хорошем психологическом контроле можно преодолеть и отправиться на новые переживания.

выполняйте свои обещания

Нет ничего хуже для человека, чем нечестность и репутация плохого исполнителя. Если вы обещали что-то не поздно выполнить, потому что, если вы не верны в мелочах, представьте себе в больших?

не попадайте в неприятности

Истина должна практиковаться, потому что она освобождает человека от всякого греха. Однако, когда эта истина ставит под угрозу человеческую целостность, молчание лучше. Не слишком доверяйте человеческой справедливости, потому что вы будете разочарованы.

Что касается вещей моего царства, я требую полной отрешенности и мужества, необходимых для того, чтобы противостоять великим мира. Я семь истина и сама жизнь, и я отдаю ее кому хочу.

паломники

Вот, на небе произошла встреча между высшими архангелами. Они немного поспорили, и было решено, что трое из них (Рафаэль, Уриэль и Габриэль) будут отправлены на Землю, чтобы испытать современное человечество. Цель состояла в том, чтобы доказать или не доказать устойчивость человека.

Это было сделано. Они объезжали города, поселки, целые провинции, замаскированные под нищих, прося что-нибудь поесть и выпить, и в ответ они всегда получали громкое «нет». За исключением тех случаев, когда они посетили дом Мартина, расположенный на ферме лагуна -да-Порта, отдаленном регионе от сельской местности Зеленая арка. Владелец простого дома, сделанного из утрамбованной земли и покрытого деревом и изразцов, хозяин принял их очень хорошо, разделив с собой три буханки, разделенные на пропорционально пропорциональные куски. Он давал им пищу, чтобы утолить их желание пищи, он также давал им воду из своей столовой. В конце маленького праздника ангелы благословили его и отправились в небесный Царство. Благодаря этому простому человеку мир был спасен от разрушения, и между людьми останется надежда.

«Если кто-нибудь голоден, дай ему что-нибудь поесть; если он испытывает жажду, дайте ему что-нибудь выпить.

где бы ты ни был, Я буду с тобой

Я – Бог, Всемогущий, который создал вас для успеха. Изменения необходимы в этом мире и поэтому не бойтесь. Где бы вы ни находились, Я буду с вами, защищая вас от всего, что может вам навредить. «Хотя я иду в долине смерти, я не буду бояться зла, потому что вы со мной».

Оставайтесь там, где вы чувствуете себя хорошо. Старайтесь сопровождать себя хорошими людьми, убегайте от подделок и насилия. с культурой людям есть чему научить и чему научиться у вас. Это закон мира: ищите опыт для непрерывной эволюции. Цель состоит в том, чтобы достичь Царства Небесного оправданным. Так тому и быть.

Никакое разделение не является окончательным

Люди входят и уходят из нашей жизни, и это в пределах

нормы. Когда они важны для нас, возникает боль и тоска. Как с этим жить?

Мы должны понять, что ничто не является окончательным в этом мире. Что физическое разделение приводит к последствиям. Тем не менее, нет ничего невозможного в том, чтобы поддерживать связь. Сегодня у нас есть интернет со всем его технологическим аппаратом, который объединяет людей. В важные даты можно договориться о личной встрече. Нет ничего невозможного, наступит день, когда даже камни встретятся.

ЧТО Я ИЩУ

Я ищу человека с доброй сущностью и кающегося грешника. Бог Отец соизволил дать человечеству еще один шанс через мое пришествие на Землю. Будьте хороши, как мой отец и я.

Практикуйте любовь превыше всего, единство, сотрудничество, солидарность, понимание, терпимость, равенство, уважение суверенитета и иерархии. Практикуйте смирение, простоту, достоинство, честность, чистоту, справедливость, законность, наконец, не отклоняйтесь ни вправо, ни влево. У нас есть это продолжение этого гарантированного мира на небесах. Верьте, что все может быть лучше и, будучи инструментом добра, помимо обеспечения прогресса вашей планеты вы будете собирать драгоценные блага на небесах, которые будут вознаграждены в свое время.

Я город, закрытый стенами

Я сын Божий, закрытый город с могучими стенами, которые враг не может разрушить. Если вам угрожает какая-либо опасность, я буду готов открыть ворота моего города, чтобы защитить вас от жизненных бурь. Вы найдете счастье, которое вы никогда не представляли.

Осмотрительность, осторожность и секретность имеют основополагающее значение в наших отношениях с отцом, потому что мир кишит свирепыми волками, способными убивать за свою ложную мораль и свою хромую религию. Вы можете достичь царства моего отца. Я не единственный, потому что Бог проявляет Себя по-разному в существующих измерениях. Так что не волнуйтесь, если вы не против нас, вы за нас. Господь наводнит вашу душу таким образом, что ваша жизнь больше не будет прежней. Появится новое существо, полное надежды, мужества, веры и с большой способностью любить моего отца, меня и следующего. Аминь!

Честь человека и Бога

Честь и достоинство человека заключается в выполнении возложенной отцом миссии, в его работе, в его общественных делах, в семейных отношениях, в досуге и в его отношениях с самим собой. Это заповеди и божественные законы.

Божья честь состоит в том, чтобы навязывать Свою суверенную волю по всей вселенной, координируя в мельчайших деталях. Он оживляет своих созданий таким образом, что судьба, сохраненная для каждого из его существ, исполняется, несмотря на их свободную волю. поговорка: «Ни один лист не падает с деревьев без согласия Бога».

несправедливое проклятие

Не бойтесь лукавого или проклятия несправедливого, потому что рядом с ним кто-то больше, чем они: Бог, Всемогущий Бог. Я пошлю своих ангелов, чтобы вести вас по каменным, огненным и тоновым путям. Нет ничего невозможного для тех, кто верит в меня и моих детей.

Я буду благословлять вас из поколения в поколение, в течение бесконечных дней, если вы останетесь рядом со мной. Я обещаю, что всегда буду помогать вам, как в хорошем, так и в плохом. Однако, если вы согрешите, вас постигнет та же участь, что и несправедливого, в месте боли и смерти. Я также есть бесконечная справедливость, прощение и милосердие. Вы выбираете, как я должен относиться к вам через ваши дела.

Не попадайте в неприятности

Становясь свидетелем ссор между супругами или членами семьи, лучше не вмешиваться, так как вы получите ненужные интриги. Однажды они снова соберутся вместе, и злодей останется для вас. Осторожность является основной добродетелью.

Не играйте с тем, чего не знаете

«Я – Бог, Я – Бог, Который освободил вас от рабства греха через моих детей. Я требую уважения, любви, преданности и веры. Вы получите то, что заслуживаете за свои действия на земле, ни больше, ни меньше. Я в доброте человеческой души и в вере самых маленьких.

Ты меня любишь?

Элементарно знать, любишь ты меня или нет. Если вы милосердны, любящи, щедры, помогаете больным, даете хорошие советы, практикуете уважение и терпимость, если вы боитесь Бога и делаете добро во всех отношениях, я могу заключить, кто действительно любит меня. Теперь, если вы жестоки, воруете, убиваете, ум, презираете адвокатов, коррумпированы и неверны, Я откажу вам перед собранием, и вы будете брошены в озеро огня и серы, потому что я разделяю хорошее и плохое. Я хочу дистанцироваться от зла, я ищу хороших и авторитетных людей.

Поцелуем ты предал меня

Настоящие друзья проявляют себя в повседневных действиях. Не каждый, кто называет меня Господом, войдет на небеса, но тот, кто исполняет волю моего отца. Это не объятия или поцелуи, которые докажут его верность, потому что с поцелуем я была предана. Лучше честная пощечина и искреннее желание перемен. Проанализируйте свою совесть и проверьте, действительно ли настоящая дружба поддерживает ваше слово.

Не жалуйтесь на текущую ситуацию

Эгоизм и жадность слепых людей. У многих уже есть товары, деньги, влияние, но они не устают искать больше удачи в бесконечной гонке. Потому что вы не помогаете сиротам, странникам и нищим? Знайте, что никакое материальное благо не спасет вашу душу от проклятия, я измеряю человеческое сердце через социальные работы. Вместо того, чтобы искать деньги, сначала ищите мое царство, служа следующему через его возможности.

Просите меня об успехе, здоровье, любви и счастье, потому что это то, что действительно имеет значение. Когда вы умрете, вы не возьмете свою машину, свои деньги или свой красивый дом, вы возьмете свои ценности с собой. Что хорошего в том, что человек завоевывает мир и теряет свою душу? Только тот, кто, хотя бы на мгновение, успокоил своего брата от его усталости, заслуживает вечного покоя. Подумайте об этом, пока еще есть время.

Происхождение характеризует человека. Независимо от того, где он находится, даже если он завоевывает мир, он должен оставаться верным своим убеждениям, ценностям и семье. Это основа для любого человека.

Оставаться верным Богу – это ключевой момент для достижения успеха. Без Бога мы ничто, с Богом мы можем делать все. Сила проявляется в нашей человечности и слабости.

Возьмем мой пример: я сын Божий, и даже когда я сошел с небес, я не забыл о своем божественном происхождении. Она была написана, и я принял понижение в звании до простого человека за любовь к человечеству, которую я создал вместе со своим отцом. Это было необходимо для того, чтобы они узнали божественные догматы. Мне надоела человеческая злоба и несправедливость, которые вредят моим верующим. Я использую свое драгоценное время, чтобы увещевать их и направлять их в мое царство. Это моя миссия на Земле.

Кто мой сосед?

Это вопрос, который многие задают себе, когда хотят проанализировать какое-то действие. Я отвечаю вам: ваши соседи — это ваши родители, родственники, соседи, коллеги по школе и работе, друзья, нищий на улице, политики, сироты, инвалиды, невежественные, враги, ваша религиозная и расовая группа, ваш партнер, парень или любовник, ваш босс или сотрудник, короче говоря, все человечество в нужде.

У каждого из них есть своя миссия здесь, на земле, но общая миссия, которая охватывает всю совокупность, состоит в том, чтобы способствовать благополучию вашего брата и сотрудничать в продвижении человечества к груди моего отца. Повторите эту молитву вместе со мной: Мой отец-создатель, я прошу тебя о вдохновении, необходимом для практики добра во всех отношениях. Позвольте моему взгляду на моего соседа быть милосердным таким образом, чтобы я не поддерживал их страдания и не действовал, чтобы помочь им. Будь другом и отцом на все времена и ситуации, отпуская материальную жадность и поднимая свой дух к прекрасному. Прошу вашей всемогущей помощи в этой работе и во всех остальных. Что между вами и мной нет никаких секретов, будучи в состоянии использовать меня в своих целях, как вы хотите и позволяете.

Разбивание чистого сердца

Наивность – это цветок, который не остается в этом мире. Жизнь делает акцент на том, чтобы научить нас через опыт, который несет боль и страдание, что мы не должны никому доверять. У нас более четкий и реалистичный взгляд на вещи. Это действительно хороший выигрыш для нашей социальной, религиозной и семейной жизни.

Мой отец знает его полностью. Сохраняйте свою изобретательность и веру в то, чего он действительно заслуживает. Будьте твердыми, компаньонами и друзьями для людей, но не давайте им права причинить ему боль снова. Мы идем вперед с надеждами.

Я искренне надеюсь, что вы найдете свой путь в мире. Во-первых, я хочу сказать вам, что я люблю вас и верю в вас, независимо от того, что я сделал или буду делать. Это называется безусловной любовью. Я ничто без вас, мои дорогие читатели.

как вы можете найти меня?

Я здесь говорю с вами от своего имени, за моего отца и моего брата Иисуса. Возможно, мы никогда не встречались в моем отрывке здесь, на земле, но я говорю, что знаю вас. Я всегда с вами духовно: я внутренний голос вашей совести, который советует вам и направляет вас, понимая ваши трудности и заботы, я хочу вашего лучшего.

Я тонкий ветерок, который успокаивает ваше тепло, я рука помощи, которая протягивает руку помощи в трудностях, я вхожу в ваши мечты, чтобы предупредить вас о вашем будущем. Я повсюду благодаря действию духа моего отца, мы взаимосвязаны. Не вдаваясь в подробности, его воля и моя совпадают и общаются. Я хочу сказать, что я не откажусь от твоего дела, я буду бороться до конца, чтобы твои глаза открылись и признали мою славу. Вы должны помогать другим, как я, и любовь — лучший дар, который есть. Верьте в меня, что я могу полностью изменить вашу жизнь. Я то, чего я должен ждать, чтобы получить возможность войти в вашу жизнь. Итак, вы принимаете меня? Каков ваш ответ?

Обзор жизни

Остановитесь на этом моменте. Поразмышляйте немного о себе и своей жизни. Как это? Вы все еще в своей совести? Ваши весы склоняются к добру или ко злу? Верьте в свою способность развиваться как человеческое существо во всех аспектах. Какими бы ни были ваши трудности, я смогу помочь вам в некотором роде и привести вас к успеху. Имейте веру.

Накормите себя плодами своей работы

Постарайтесь выполнять свою работу, которая дает вам материальное выживание. Это достойно того, чтобы человек ел от своих усилий. Не принимайте милостыню, если вам это действительно не нужно. Всегда ищите выход из своих финансовых проблем, неразумно брать кредиты, потому что ваши кредиторы будут взимать в два раза больше, чем они заимствовали. Будьте осторожны с контрактами и сделками, будьте осторожны.

будь смелым, как лев

Я ищу верного, уверенного в себе и бесстрашного, как лев. Не бойтесь, потому что Я ваш Бог, который забрал вас из человеческого рабства и греха. Я Бог, и нет никого похожего на меня. С моей помощью вы обязательно преодолеете все препятствия, и станете победителем во славу моего имени и моих детей. Однако должен быть отречение от вещей мира и материализма, которые ни к чему не приводят.

мое королевство

Я призываю вас участвовать в моем духовном измерении вместе с моим отцом. Вы можете спросить себя, но что это за царство? Из чего он состоит? Это царство с равенством, братством, сотрудничеством, миром, терпимостью, взаимодействием и, прежде всего, подчеркивает любовь между существами. Он духовный сын Божий, тот, кто всегда существовал и несет в себе свою божественную сущность. Он пережил много воплощений на планетах по всей галактике, он имеет равный авторитет с Иисусом и Богом. Просто потому, что между ними нет разницы, их воли совпадают. Дух равен во всех трех и во всех добрых существах. Я уверен, что Бог – легион.

Для всех, кто соглашается следовать за ним, Божественный обязуется бороться за свои дела со своим отцом. Дайте его счастью шанс, отдайте его душу сыну, и тогда невозможное может быть достигнуто. Единственное требование, которое мы предъявляем, заключается в том, чтобы они следовали заповедям и подходящим ценностям социализации. Главное – любить Бога превыше всего, ближнего, как самого себя. Приходите, дети мои, я всегда буду ждать с распростертыми объятиями.

Я никогда не брошу тебя

Я все хороший, хороший парень, который верит в судьбу, любовь и счастье. Я не отсюда, я прихожу издалека из-за моей бесконечной любви к каждому из моих существ. Моя миссия состоит в том, чтобы осветить холодные сердца бесчеловечных людей своими словами. Если я здесь, у мира есть еще один повод праздновать, используйте его, пока есть время.

Если я живу или все еще существую праведным, жизнь будет продолжаться. Не беспокойтесь о теориях заговора относительно конца света, Бог может трансформировать все. Это назначенное время для укрепления царства Божьего и моего. В это время миры будут взаимосвязаны таким образом, что земля и небо станут уникальным местом. Вот, каждое колено будет сгибаться и петь славу Альфе и Омеге. Написано.

Я обладатель всей силы и мудрости

Вся слава и честь исходят от меня, от моего вечного лона. Я буду готов наполнить вас Моим Святым Духом и привести к обильным дарам. Поэтому необходимо истинное подчинение вашей миссии, которая была доверена мной и моими святыми ангелами. Возможно, вы не помните, но вы взяли на себя ответственность перед собранием до вашего прибытия на землю. Чтобы понять это, ищите меня, и я буду вести вас по дороге.

закон Божий

Я Бог, творец всего сущего. Я честно делюсь своими дарами с человечеством, у каждого свой талант. Любой, кто не применит на практике мое слово до тех пор, пока это слово не будет отнято. В заключение справедливый будет даваться все больше и больше, потому что его отношение радует меня.

молитва, которую я хочу

Стремитесь выполнить свою миссию и свои мечты. Если вы столкнетесь с препятствиями, попросите, чтобы я открыл вам пути. Чтобы достичь этого, постоянно собирайтесь в молитве и общайтесь со мной. Имейте веру. Бесполезно спрашивать, живете ли вы непокорной жизнью и противоречите ли она моим законам. В этом случае нужен такой посредник, как святые.

Горе нечестивым

Старайтесь учить и советовать хорошим вещам своих ближних, мотивируя их делать добро. Наденьте доспехи Божьи и будьте моими апостолами. Велика будет ваша награда на небесах.

Уже те извращенцы, которые отвлекают моих верных на путь зла, будущее в озере огненной и серы. Ради зла и глупости не будет моего прощения. Если вы хотите потерять себя, идите в одиночку.

Я дам тебе все

Я – Бог, Я – истинный и живой Бог. Нет никакой сущности, кроме меня, которая была бы всемогущей, вездесущей и всеведущей. Поэтому не верьте ложным обещаниям врага. Зло может даже сражаться с вами, но действовать только в его пределах. Если ты действительно хочешь победить, держись за меня, я твой духовный отец.

Я знаю его с самого начала, и я понимаю, что происходит в его беспокойном уме.

быть реалистичным и простым

Будьте просты, признайте свои грехи, покайтесь, и тогда для вас откроются двери свободы и прощения. Напротив, если вы останетесь гордыми и хвастливыми, я откажусь от вашего дела, и тогда вы познаете тьму глубоким и окончательным образом. в этом и изменить свое отношение.

интерес

Когда кредитование не покрывает проценты вашего соседа, проценты будут выплачены вам Богом за все ваши добрые дела. Не пытайтесь разбогатеть за счет чужого пота. Он с радостью простит вам ваши ошибки, которые вы, возможно, совершили.

тяжесть греха

Те, у кого нет чистой совести, ходят с опущенной головой и всегда будут убегать от моего присутствия. Они делают это, опасаясь моего имени и осуждения. Это так называемые нечистые души, для которых зарезервирована смерть.

Праведники ходят с высоко поднятыми головами и сияют, как солнце перед моим присутствием. Это приписывается им как справедливость за их доброту, проявленную на земле. Каждый из них собирается и разделяется на своем месте, потому что овца и волк не могут жить вместе.

определите себя

Я дал вам свободную волю, чтобы вы могли выбрать лучший путь для своей жизни. Чего я не терплю, так это вашей нерешительности, тех, кто говорит, что они следуют за мной, но отдают дань уважения другим Богам и практикуют то, что я не одобряю. На моем Суде я клянусь своим именем, что не буду слушать, и я буду неумолим: либо ты со мной, либо нет, решите раз и навсегда.

живая реальность

У всех нас есть мечты, которые часто могут показаться невозможными. В этом случае у нас есть два выбора: либо мы боремся за них, либо мы просто игнорируем их и отказываемся от них. Я решил продолжать бороться с окружающими людьми. Придерживайтесь своего происхождения независимо от того, куда вы доберетесь.

Возьмем мой пример: я могу даже стать бестселлером, завоевать мир, но, если у меня нет своей личности, я не буду ничем. Хотя мои мечты не сбываются, мне нужно продолжать выживать в своей реальности, потому что я живу в стране, где культура недооценена. Итак, живите своей мечтой, но никогда полностью не отпускайте свою реальность, потому что в противном случае вы можете упасть в бездонную яму.

Легкие деньги

Не обманывайтесь легким состоянием, то, что приходит легко, идет еще проще. Постарайтесь заработать свою жизнь с достоинством, работая в поисках своего выживания и лучшего мира. Также будьте апостолом добра.

Не продолжайте сравнивать свою ситуацию с ситуацией вашего соседа, каждый случай индивидуален. Важно иметь здоровую этику и ценности, которые позволяют добиться полной и чистой победы. Верьте в то, что вы хотите, и мой отец поможет вам.

конструктивная критика

«Искренний выговор лучше, чем ложный комплимент. Выговор укажет на ваши недостатки и даст вам направление, которому нужно следовать, в то время как похвала заставит вас поверить, что с приспособлением все в порядке. Цените конструктивную критику».

родители священны

Проклятый любой, кто пользуется своими родителями финансово или сентиментально. Закон жизни таков: родители являются связующим звеном жизни; они заботятся о нас, когда мы дети, чтобы, когда мы достигнем старости, мы могли ответить взаимностью. Проблема в том, что большинство детей так не думают: они предпочитают бросать своих стариков в дом престарелых и сохранять свою зарплату и товары. Им удобнее не иметь работы.

Тщательно подумайте об усилиях, которые ваши родители, биологические или нет, должны были приложить, чтобы дать вам жизнь, о которой вы мечтали: учебу, ценности и работу. Почему бы сейчас не остаться вместе и не дать им любовь, которую они заслуживают? Это самое меньшее, что можно сделать на таком деликатном этапе жизни, как старость.

признать нуждающихся

Давать или не давать милостыню? Есть две ситуации: те, кто просит милостыню и действительно нуждается, и нищие, чтобы воспользоваться вашей добротой, это своего рода афера. Когда вы понимаете, что это второй случай, не стоит тратить свои личные усилия на бомжей. Помощь станет бальзамом для страждущей души. В случае сомнений помогите, потому что грех останется в совести другого.

избегайте сексуальной мерзости

Поддерживайте сексуальную жизнь чистой и чистой. Если вы состоите в браке, будьте верны своему партнеру.

Если вы одиноки, будьте верны себе. Бордели — это места с тяжелым энергетическим зарядом, где дьявол работает через похоть. Уважайте свое тело и превратите его в храм Святого Духа.

Если вы ухожены, уважайте свою невесту. Я не одобряю свидания или помолвки, в которых вы живете супружескими отношениями. Для каждой вещи время. Поддержание целомудрия является обязанностью каждого христианина. Короче говоря, сегодняшняя современность отношений — это то, чему не следует следовать.

быть твердым

Живите своей жизнью самостоятельно и относитесь к людям с образованием, добротой и оперативностью. Однако, если кто-то не отвечает вам, будьте тверды и покажите, что у вас есть личность. К людям, к которым вы подходите и участвуете в ее жизни, следует относиться так же. Дайте каждому из них то, что они заслуживают, если они дают вам больше любви и, если они дают вам презрение, уважение. Просто не переставайте жить жизнью из-за нее.

Контроль над противоборствующими силами

Мы дуалистические существа: в нас есть добро и зло, ожидающие возможности за рубежом. Вот тут-то и возникает вопрос о нашем свободном выборе, никто не является полностью хорошим или плохим в этом мире.

Через наш выбор мы определили нашу жизненную ориентацию. Я выбрал хорошее. Я отрицал тьму внутри себя и интегрировался в мудрое просветление отца. С тех пор моя жизнь полностью изменилась. Я счастливое и удовлетворенное существо. Если вы хотите, я призываю вас в свое царство, чтобы забыть мир и жить совершенно другой реальностью. Но сможете ли вы также отречься от мира, как это сделал я?

угнетатель и угнетенные

В далеком королевстве жил богатый предприниматель по имени Галенкар Телес. Он имел в своем распоряжении многочисленных сотрудников, которые не заботились о том, чтобы придать им ценность. По его мнению, они были просто слугами, которые просто выполняли свои обязательства в компании. Таким образом, вы можете получить свою заработную плату, они должны были работать, пока у них не закончились силы, так как они были оплачены в соответствии с производством.

У босса была красивая дочь по имени Петуоса. Однажды ночью она пошла навестить родственника, и из-за ее плохого зрения она в конечном итоге упала в яму. Прошли часы, и никто не пришел ей на помощь. Именно тогда, когда он услышал шум шагов, он начал кричать, чтобы привлечь внимание. слуга своего отца, прислушивался к ее стонам и благодаря веревке вытаскивал его из дна.

Узнав о случившемся и увидев, что его дочь спасена,

Галенкар пожалел о своих действиях и пообещал с тех пор ценить роль своих подчиненных. Большие или маленькие, все они зависели друг от друга. Это был урок, который он усвоил.

Моя уверенность исходит от Бога

Мое доверие к живому Богу, именно в Него я вкладываю все свои стремления и планы. Неудобно отдавать себя человеку, мои ожидания всегда будут разочаровываться, потому что люди такие, какие они есть, а не такие, какими мы хотим, чтобы они были.

Бог родил меня с самого начала и поэтому знает меня полностью. Он точно знает, на что я способен, и мотивирует меня продолжать бороться за свои цели. Я знаю, что, если я упаду, он будет готов поддержать меня в своих объятиях. Это называется верой. Именно в этом смысле я продолжу свою жизнь, ожидая несколько дней лучше. Пусть придет больше побед!

Боже, я маленький

Великий Бог! Я взываю к вам с земли, из этого огромного моря грязи. Я чувствую себя уставшим и немотивированным от стольких тщеславных сражений и неудач, добивающихся успеха. Я прошу, чтобы Твой свет направлял меня и восстанавливал меня как достойного человека. Я передаю все: мое тело, душу, силу, мудрость и веру, потому что все ваше по праву. Я надеюсь, с вашим духом достичь необходимой эволюции, которая позволит мне жить хорошо и счастливо.

Я прошу вас не только обо мне, но и обо всех беспомощных мира сего, которые кричат от боли, недовольные своим состоянием. Дайте нам терпение и силу, чтобы продолжать наши кресты. Я люблю тебя всей своей силой. Пусть все будет осуществляться в вашем мире и суверенной воле.

Пожертвование и отстранение имеют лимит

Всякий раз, когда они могут помочь своим братьям и сестрам советом, любовью, мотивирующим словом или даже финансово? Однако никто не может помочь абсолютно всем, это невыполнимая миссия, потому что их сильные стороны бегут. Помогите близким людям и этого уже будет достаточно, чтобы иметь сокровища на небесах. Именно малые установки показывают величие человека.

путь орла в небе

Вот, я орел на небе, дух, который исходит от всего человечества. Я всемогущ, вездесущ и всеведущ, и никто не знает моего пути, кроме моих дорогих детей. Им вся честь и слава во веки веков. Я люблю тебя так, чтобы твои хрупкие умы не могли понять, я оставил тебе своих преданных слуг, которые всегда будут внимательны к твоим нуждам. Попросите их, и через это я совершу долгожданное чудо, если это моя воля, помните, что оно всегда суверенно и окончательно.

Тропа змей по скалам

Зло подобно змеиному пути через камни, оно появляется там, где мы меньше всего его ожидаем. Чтобы обезопасить себя от этой опасной гангрены, попросите моей небесной защиты, и тогда я пошлю своих ангелов, чтобы, спотыкаясь о камни, вы могли научиться преодолевать трудности. Только с опытом дары воплощаются в жизнь.

Я обещаю вам контроль над своими инстинктами и над жадным вредителем, который хочет причинить вам вред. Как дева, которая покорила сатану, вы покорите нечестивых, и они упадут к вашим ногам, побежденные. Добро всегда побеждает зло. Враг может быть ближе, чем вы думаете.

судоходный путь в море

Море – это мир, лодка – это мое провидение, а члены корабля – мои творения. По мере того, как грех увеличивается среди смертных, лодка становится тяжелее, а затем она шатается, как пьяный взад и вперед без направления. Речь идет о людях без Бога. С моей грацией и прощением недостатков, лодка с нужным весом, сбалансирована, и тогда она может продолжить путешествие без серьезных проблем. Речь идет о моих верных, распределенных между различными конфессиями.

Хорошее и плохое всегда будет существовать на земле, это не будет причиной вымирания человечества. Сам человек, с его все более продвинутыми технологиями, подвергнет жизнь серьезному риску. Это повредит текущему и последующему прогрессу в почти бесконечном цикле. Без тени сомнения, людям придется найти другую альтернативу в краткосрочной перспективе, если они хотят выжить.

Путь мужчины с молодой девушкой

Молодая женщина в контексте представляет весь грех, который скрывает мужчину в различных возможностях, которые дает жизнь. Важно постараться спасти себя от ее поступка любой ценой, а это возможно для человека моей благодатью, защитой, славой и силой.

Сама жизнь сложна, на нашем пути так много препятствий, что иногда мы разочаровываемся и думаем сдаться. Этот решающий момент напоминает темную ночь, где есть только тьма, боль и страдание. Именно в этот момент слабости проявляется сила высокого. Повторите со мной читатель: даже если я иду по долине тьмы, я ничего не боюсь, потому что со мной вы готовите путь, полный успеха и счастья.

Я являюсь примером того, что выздоровление возможно, потому что Бог освободил меня от тьмы, вытащив меня из глубокого колодца. Он может сделать то же самое с вами, мой дорогой читатель. себя и в будущем. Отдайте свое невозможное дело в руки отца, откажитесь от всего мира раз и навсегда и будьте апостолом добра. Я гарантирую, что вы не пожалеете об этом.

Путь добра – это путь братства, сотрудничества, солидарности и любви. В ней существа, просветленные моим отцом, помогают нуждающимся. Мы настолько привыкли к боли и страданиям, что рука помощи стоит гораздо больше, чем золото. Подумайте об этом.

Когда вы решите, чего вы действительно хотите для своей жизни, ищите меня или моего отца в молитве. Мы будем приветствовать вас с распростертыми объятиями в любое время вашей жизни. Как бы мир ни оставил вас, в Боге у вас всегда будет пристанище. Продолжайте жить своей жизнью и никогда не теряйте надежды.

Я хочу лучшего для тебя

Я дал человеку свободную волю, чтобы он мог бороться за свои мечты в одиночку во время своего пребывания на земле. Неважно, родились ли вы в скромной семье, мир уже дал много примеров победы и преодоления трудностей. Народный секрет успеха знает, как справляться со своими проблемами, искать решения и применять их на практике. Я хочу лучшего для вас, справедливого человека, и в обмен на вашу веру я даю вам двойную или даже тройную. Истинный отец тебя, я люблю тебя любовью сверх меры.

Проблема в том, что многие люди погружаются в

пороки плоти и духа и забывают о своем божественном происхождении. Со злом, коренящимся в их сердцах, они отворачиваются от меня и препятствуют моим действиям. Я не бросил их; они сами были с вашей жадностью и необузданной гордостью, которые поставили барьер, между нами. Однако отнеситесь к этому спокойно. Я – Всемогущий Бог; для меня нет ничего невозможного. Я смогу простить их и заставить их возродиться как новое существо. Тогда больше не будет боли, смерти или каких-либо страданий. У вас будет полноценная жизнь, потому что «Я есть» так желает.

Социальное неравенство в мире

Мир становится все более неравным с экономической точки зрения. В то время как меньшинство имеет много денег, большая часть населения лежит в страданиях и страданиях вашего соседа. Давайте поразмышляем над этой реальностью.

Различия: один процент самых богатых концентрирует пятьдесят процентов общих активов, или самые богатые десять процентов владеют восемьдесят восемью процентами общего богатства. Цифры не лгут. В «Цене неравенства» автор Джозеф Э. Стиглиц использует образ, который демонстрирует именно это неравенство: автобус, набитый восемьдесят пятью крупнейшими мега миллионерами, будет иметь богатство, эквивалентное половине беднейшего населения. Вы когда-нибудь задумывались об этом?

Эта ситуация имеет тенденцию только ухудшаться, богатство богатых будет увеличиваться из-за их связи с финансовым рынком, в частности, роста цен на акции компании, и бедное большинство, как правило, беднеет из-за кризисов общего рынка и последующего снижения рынка труда. Что делать?

Решения, я бы сказал, носят индивидуальный характер. Каждый из них внесет свой вклад в борьбу с бедностью, будь то в комплексных действиях со своей общиной или в изоляции, это послужит облегчению страданий некоторых, хотя это не решит проблему полностью, чтобы Бог благословил их. Чего нельзя ожидать, так это того, что правительство сможет действовать эффективно. Хотя бразильские социальные программы являются эталоном во всем мире, они не работают в двигателе экономики, которым является создание рабочих мест и доходов, только они играют роль благосостояния. Это мое мнение.

останется только праведник

Праведный благословляется все время жизни на земле. Куда бы они ни пошли, победа и счастье останутся. Иногда случается так, что несправедливые накапливают богатство и престиж на земле. Однако, поверьте, это переходная фаза. Те, кто боятся Бога, действительно достигают мира и процветания раз и навсегда.

Я дам тебе дар вечности

Я Бог, тот, кто наблюдает за твоими делами день и ночь. Если ты угодишь мне полностью, Я обещаю тебе место в Моем Царстве и дар вечности. Добрые души никогда не погибнут, клянусь моим именем.

презрение

Мир не предлагает вам ничего хорошего, он просто хочет привлечь вас своим черным озером тьмы, пыли, боли, печали и уныния. Если вы движимы жадностью, все, чего вы достигли на земле, падает на землю перед вечностью. Напротив, я Альфа и Омега, истинный колодец жизни не будет разочарован. Мое Царство духовно, где все его члены имеют свое значение. Мой Бог – Господь всех. Он Бог из желтого, с запада и востока, в обратном направлении, от любого сексуального, этнического, политического и религиозного обозначения, я легион, который представляет силы добра. Кто не берет его со мной, распространяет?

Я терпеливый Бог, даже если ты убегаешь от меня всю свою жизнь, Я могу простить тебя, если в конце твоей жизни будет искреннее сожаление. Ни один ум, человеческий или ангельский, не может понять измерение моего милосердия, поскольку оно бесконечно. Однако меня никто не обманывает. Любой, кто попытается воспользоваться моей добротой, будет иметь кнут и огонь в качестве ответа за свою глупость.

РУКОВОДСТВО ПО ЧИСТЫМ ЗНАНИЯМ

не хочу занимать чье-либо место

Все, что существует во Вселенной и в соответствии с человеческим обществом, делится на иерархические шкалы. Большие и малые выполняют важные функции для того, чтобы Вселенная продолжала прогрессировать. У каждого есть место, которого он заслуживает, к которому он стремится на протяжении всей своей жизни. В результате не хочется упускать из виду его принципы или занимать чье-либо место в заведении. Великие раскрывают себя в простых жестах, и те, кто хочет занять видное место в моем царстве, должны сначала служить другим. Пример Иисуса, который, даже будучи царем, смирил себя до такой степени, что отдал себя на крест, будучи осмеянным и распятым вами. Всегда помните о его человеческом состоянии, уязвимом для болезней, несчастных случаев и самой смерти. Только Моя благодать может поддержать вас.

муравьи-мои апостолы

Я открываю новый порядок, с новыми учениями и указаниями отцу. Тем не менее, дух тот же, который оживлял древних пророков, включая Иисуса. Те, кто принадлежит всемогущему телом и душой, будут знать, как распознать в моих словах стрелу, ведущую в царство просветления. Наслаждайтесь, пока есть время, и радуйтесь, потому что в тот день, когда жених покинет мир, потеряет великую благодать, воссоединение с божественной сущностью.

Будьте маленькими апостольскими муравьями, распространяющими дела добра, куда бы вы ни пошли. Я гарантирую, что ваша награда в моем царстве и даже на земле будет огромной. Если вы приносите пользу тем, кто не может ответить взаимностью, и их поступок будет еще более полным. Закон возврата завершит себя и распространит еще лучшие жидкости.

крысы и скалы

Как велики человеческие страдания! Люди, разбросанные по всей земле, увековечивают историческую серию насилия, безразличия и отсутствия любви. Человеческая солидарность – большая редкость. По тем или иным причинам многие лежат забытыми в мире, как в случае с нищими, гомосексуалистами без партнера, сиротами, беспризорными детьми, заключенными посреди ада тюрьмы без надежды на выздоровление, отвергнутыми и нелюбимыми другими из-за их внешности или социально-экономического положения, чернокожих людей, индейцев, религиозных меньшинств, инвалидов, короче говоря, это гигантская толпа, отодвинутая на задний план. Я хочу сказать, что я знаю ваши проблемы, и мне не стыдно предположить, что я ваш отец и ваш Бог. Я упал, я могу воскресить тебя во славу моего имени. Вы крысы на скалах, я ваш камень, который может делать все, что угодно, и который хочет вашего блага в первую очередь. Как сказал мой сын Иисус, просите, и это будет даровано вам. Я твой отец, а не отчим.

Я царь королей и владыка лордов

Я высший, набор духов, которые не знают, откуда они приходят и куда идут. Я создал и продолжаю создавать вселенные благодаря своей бесконечной любви к существам. Не бойтесь ни разрушительной чумы, ни тьмы, потому что даже они должны отдать мне дань уважения. Верьте, что Я могу освободить вас и преобразовать вашу жизнь таким образом, чтобы вы обрели полное счастье.

Те, кто поклоняется идолам и ложным богам, не будут иметь процветания или побед, потому что есть только один истинно живой Бог, и его зовут Бог. Продолжайте кормить моих овец.

Послание для тех, кто использует оккультные искусства

В этом мире есть много существ зависти, которые не довольствуются счастьем других. Они преграждают путь праведникам и используют силы тьмы, чтобы причинить им вред. К ним у меня есть особое послание: ваши дни сочтены, и когда наступит день вора, моя сильная рука упадет вам на голову. У вас не будет душевного спокойствия даже днем и ночью, и они заплатят втрое больше вреда, который они нанесли на земле. Меня зовут тоже справедливость, неизбежно, что больше скандалов будет происходить для тех, кто ее совершает.

Моя знаю меня

Я отец всего, я был в начале всего, и я буду с вами до конца света. Большинство людей отвергнут его, что он предпочтет остаться в своем колодце тьмы, потому что ему удобно быть более легким путем. Быть апостолом добра непросто, это требует самоотверженности, отстраненности, отречения от материальных вещей и почти всегда непоколебимой веры. Когда твоя жизнь идет не очень хорошо, и именно в этот момент я могу действовать и создать новую точку поддержки для тебя.

У меня есть враги, гордые и отвратительные существа, которые до сих пор утверждают, что правят миром. Я не позволю этого, потому что только я принадлежу к королевской семье. Эти «противоположные силы» неизбежно столкнутся, и в битве мои слуги будут сражаться за меня, чтобы почтить мое имя и суверенитет. Они знают меня и любят меня как своего господина и своего Бога. Поскольку они рисковали своей жизнью ради меня, они будут украшены честью и славой в моем царстве. Мое измерение духовно, и мое царство не от мира сего. Если бы это было так, меня бы не предали, как меня предал поцелуй. Объятия были бы менее болезненными.

Я лев Давида

Как лев – царь леса, так и я лев небесный, сын Давида, спустившегося к вам. С тех пор мне принадлежит вся слава, честь и королевская честь. Все было создано для меня, и для меня и мое царство будет простираться во веки веков. Мой дом строится изо дня в день и достаточно длинный, чтобы вместить весь мир. Для того, чтобы человечество достигло Царства Божьего, придется стремиться произвести множество поступков, угодных моему отцу, которых достаточно, чтобы искупить его грехи. На земле нет ни одного чистого, только мой возлюбленный брат.

Совет матери королю

К советам матери всегда следует прислушиваться, так как у нее больше жизненного опыта, чем у ее детей. Не пытайтесь воспользоваться преимуществами других и получить преимущества. Я также ненавижу употребление наркотиков, алкогольных напитков, чтобы право справедливого не было извращено.

Анализируя эти старые соборы перед лицом нынешнего времени, можно сказать, что они действительны до сегодняшнего дня. Исключение из монархии, которое сегодня встречается редко, заменяется в своем большинстве демократическими правительствами. Сегодня вы стоите только того, что у вас есть в финансовом отношении в глазах людей. Что касается меня и моего отца, то вы достойны именно за величие своего сердца и характера, потому что от этой материальной жизни вы ничего не возьмете.

отношения

Наличие стабильных отношений в настоящее время является большой проблемой. Есть много препятствий, которые возникают между парой: финансовые, сентиментальные, заслуживающие доверия и любви к себе. Я верю, что, когда есть настоящая любовь, что бывает довольно редко, можно преодолеть разногласия и двигаться дальше вместе. Если вы нашли что-то подобное, почувствуйте себя самым благословенным из мужчин или женщин. Даже если вы не найдете партнера, можно наслаждаться жизнью несколькими способами. Удачи всем.

не беспокойтесь о тщеславных вещах

Ищите прежде всего Моего Царства и увековечения добра. Взамен Я дам вам дары, необходимые для вашего выживания на земле. Помни всегда оставаться смиренным, передо мной нет мудрости или знания, стремление к совокупности этих вещей может принести еще больше печали и страданий. Довольствуйтесь тем, что Я уже дал вам, и воспользуйтесь своим переходом на землю, чтобы посадить хорошее семя.

Счастье исходит от Бога

Человек может даже завоевать мир, но, если он не в мире с самим собой, достигнутый успех ничего не стоит. То же самое происходит и с его знаниями, человечество может даже достигать других пространств и населять другие миры, но, если у вас нет моей любви, вы не получите истинного счастья. Все истинное счастье исходит от меня и дается тем, кто следует Моим заповедям, и они боятся Меня.

Телесная смерть – это конец всего

Справедливая и несправедливая, разумная и глупая, она имеет ту же цель, что и смерть. Поэтому у вас есть в тот момент жизни, который является возможностью доказать, что я достоин моего вечного царства. Будьте великодушны, щедры, добры, поддерживают, понимающе, терпимы и любящи. Увековечивайте добро всеми возможными способами, помогая и прощая другим так часто, как это необходимо. Суд не будет иметь сил на вас, и теперь, разочаровавшись, мои ангелы будут защищать и помогать вам. Еще раз повторяю, что только те, кто на земле покоился усталыми объятиями своих братьев, заслуживают покоя на небесах.

просто подумайте о вечном царстве

В королевстве, далеком от севера, был богатый и могущественный король. Он был отцом единственного сына, полноправным наследником всего, чем владел. Он сделал все, чтобы угодить своей официальной жене и сыну. Его иждивенцы, воспитанные в хорошей жизни, были настолько высокомерны, что едва приветствовали своих слуг, которые служили им день и ночь. Они жили насыщенной жизнью и с ненужной роскошью. Жадность была настолько велика, что главе семейства приходилось привлекать к ним внимание и сдерживать расходы. В этих случаях интриги были неизбежны и длились неделями, отнимая гармонию семьи.

Король был уже преклонным в возрасте и однажды, невнимательно, он упал во дворец, сломав позвоночник и сломав бедренную кость. Он не мог ходить и тяжело заболел. Вы когда-нибудь представляли себе опасность: два неподготовленных человека контролируют сложное и обширное королевство? Надвигалась большая опасность.

Через неделю командир скончался, и запустение было полным. В то время как царь страдал в духовном мире, расплачиваясь за свои вины, его сын настаивал на уничтожении всех его дел. Эта ситуация стала неустойчивой. Джордж был свергнут и занял пост премьер-министра на благо всех. Потомки короля хаски были изгнаны из дворца в результате внезапного насильственного захвата власти и впали в нищету. Теперь они должны просить у нас хлеб насущный. Мораль истории: все мимолетно, мы оставляем товары потомкам, которые не заботятся о том, чтобы ценить то, что мы сделали. Наши дела для человечества – это то, что человек берет в вечное царство.

безудержная конкуренция

Мы живем в чрезвычайно конкурентном мире, будь

то на рынке труда, в любви и в семье. Участвовать в соревновании здоровым путем не грех, ошибка – использовать мерзкие средства для достижения победы. Тогда победитель без пригодности. Чтобы стать истинным победителем, вы должны сначала следовать моим законам, и тогда успех придет благодаря заслугам в отмеченное мной время.

Единство – это сила

Единство всегда необходимо в нашей жизни. Это оказывается необходимым на работе, в семье, в спорте и в обществе в целом. Ничто не строится в одиночку. Все, что делается вместе, способствует характеру личности.

не успокоиться

Это послание является специальным для тех, кто предоставляет временные услуги для муниципалитета, штата и федерации. Я прошу вас бороться за свои мечты, а не успокаиваться, останавливаясь во времени. Помните о хрупкости вашего контракта и стремитесь получить работу для вашего собственного блага и блага вашей семьи.

повиноваться

Повинуйтесь своим родителям, своим начальникам и моему Небесному Отцу. Будь простым и смиренным сердцем, как и я, и тогда это будет ваш первый шаг к успеху. Восстание приводит только к смерти и катастрофе.

потеря состояния

Многие люди борются всю свою жизнь, чтобы заработать на жизнь и создать актив для своих детей. Некоторые даже богаты, миллионеры или даже миллиардеры. По мере того, как жизнь поворачивается, может случиться так, что эта сумма теряется сразу. Большинство сходят с ума, думая об усилиях и усталости, которые ему пришлось, чтобы сделать свое состояние. Что делать в такой ситуации?

Продолжение жизни — лучшее решение, не беспокойтесь о деньгах, постарайтесь сконцентрироваться на выполнении воли моего отца и моей воли. Самое большое богатство, которое вы можете оставить своим детям, — это образование и прочные ценности сосуществования в обществе. Знайте, что знание может полностью поднять вас во время стихии жизни, и это дар Божий. Имейте веру в божественное, которое никогда не оставит вас в любой ситуации. Все будет лучше, обещаю.

мудрый совет

Не уходите, чтобы наслаждаться работой завтра, сосредоточьтесь на настоящем и тратьте свою зарплату с умом. Вы не знаете, когда наступит день вора, не позволяйте бомжам растрачивать ваше богатство, не стоив им минимум усилий. Это несправедливо по отношению к вам. Экономьте только то, что необходимо для развития событий, но никогда не собирайте деньги без правдоподобной причины.

Оставайтесь серьезными

Не присоединяйтесь к тем, у кого легко смеяться, или к тем, кто живет только на вечеринках. Бедность и глупость постучатся в вашу дверь. Постарайтесь быть максимально серьезными, зная, как разделить свою деятельность. Днем и темнотой, работой и отдыхом следует наслаждаться в правильной мере.

Столкнувшись с невозможным, не расстраивайтесь

Всегда помните о своей малости и слабости и не хотите выходить за свои пределы. Перед лицом невозможного, отдайте свое дело Богу, чтобы все могло и обязательно дало вам ответ. Пусть ты будешь апостолом добра. Заповеди заключаются в любви к Богу превыше всего, к себе и ближнему с одинаковой интенсивностью.

Кого я выберу?

В то время как корыстные люди мира предпочитают контактировать с людьми с высокой покупательной способностью и влиянием, я выбираю своих верующих за их дела милосердия и доброты. Для меня важны их консолидированные ценности, которые формируют их характер. Я хочу, чтобы люди присоединились к моей команде апостолов добра. Если вы отождествляете себя с моими заповедями, то присоединяйтесь к нам в этой гонке к отцу. Я обещаю сильную преданность вашим проблемам и гарантированное счастье в моем королевстве. Я могу изменить твою жизнь.

разделение вещей

Все начинается с фундамента, при этом эффективное планирование связано с целью. Начало важно. Однако середина и конец консолидируют наши желания. Будь терпеливым, терпимым, щедрым и прикладным, чтобы вас благословил мой отец. Цель оправдывает средства, если цель достойна.

Будущее

Сосредоточьтесь на своем настоящем, потому что, как стрела выстрелила, то, что произошло, не может быть исправлено. Будущее неопределенно и принадлежит только Богу. Не верьте ни одному шарлатану, который утверждает, что знает о его жизни.

Воистину, я человек, который видит через видения свою судьбу. Из миллиардов меня выбрали для особой миссии с отцом. Поступай так же, как и я, и используй этот талант, чтобы помочь людям каким-то образом так же, как написано: «Свободно получаешь, бесплатно и дай».

РУКОВОДСТВО ПО ЧИСТЫМ ЗНАНИЯМ

золотые правила

Я чувствую себя превосходно, в мире с собой и со всей вселенной. В чем секрет? Я смогу вести вас так, чтобы вы были святы, как ваш отец. У нас есть свободная воля, но мы знаем, что тот, кто это делает, может испытать лучшее чувство из всех.

Будьте вежливы, добры к людям; В работе, будьте усердны, пунктуальны и ответственны, сделайте так, чтобы командная работа приносила плоды; В общественной жизни уважайте других, как себя, не позволяйте другим решать за вас. Однако прислушайтесь к хорошим советам; Старайтесь беспокоиться о другом, но не до такой степени, чтобы вмешиваться в вашу жизнь, помните об автономии каждого из них; дома не позволяйте себе плохо говорить ни о ком, кто вы такой, чтобы судить? Из глины я взял тебя, и твоя жизнь – это хрупкое дыхание, которое я могу забрать в любой момент. Бойтесь сил добра и любите их так, чтобы ваш инстинкт был только для Бога, его создателя. Награда рано или поздно придет. Будьте внимательны в молитве, чтобы ваши просьбы дошли до меня с шансами на исполнение. Будьте солидарны с болью другого и постарайтесь помочь. Не будьте теми, кто только просит и забывает о практической части, благодарите то, что у вас уже есть до сих пор, и думайте, что в этом мире у нас не может быть всего, потому что совершенство не входит в этот план. Ищите на земле царство моего отца всегда, потому что вы даже не знаете дня и часа, когда вы дадите отчет о своих действиях.

Перед лицом неудачи не сдавайтесь. Вы дитя

Бога, которое родилось для успеха. Если что-то не сработало, возможно, это не ваш путь, или это был провал планирования. Анализируйте свою реальность и двигайтесь вперед с обновленным духом. Время придет. Знайте, что где бы вы ни находились, есть могущественный Бог, Который понимает вас и знает вас, как никогда. Просите его о просветлении, и добро в вашей жизни восторжествует. Удачи в ваших проектах.

не богохульствуйте

Не хочу быть похожим на Бога или восставать против Него. Признайте свои ограничения, пример величия творца показан в его произведениях. Может ли человек измерить протяженность Вселенной и точное количество существующих звезд? Если нет, то истина освободила вас. Мы пришли из ничего, и мы ничто по сравнению с величием Бога. Он может все делать и все видеть. Мы имеем право на место в духовном измерении. Верьте, что нет ничего хуже, чем быть отрезанным от Его благодати.

Где мое счастье?

Долгое время я искал счастье в человеке, в ком-то, кто мог бы дать мне ласку и поддержку в моих потребностях. Со временем я поняла, насколько тщетны эти поиски, мое счастье не в другом, а во мне и в моих отношениях с отцом. Он был единственным, кто не бросил меня в самый темный момент моей жизни. Почему бы мне не полюбить его с такой же интенсивностью? Для него вся честь, слава и обожание во веки веков. Аминь.

Я непостижим

Я Бог, владыка духов, кто-то настолько превосходящий, что ни один ум не может понять меня. Я наблюдаю за действиями человека и пишу их в своей священной книге. Праведникам обитель в моем вечном царстве будет дана в качестве награды, а неверным – муки в озере огненном и серном. Кроме того, как могут сосуществовать овца и волк? Место жестокого и грешника далеко от моего присутствия, потому что оно позволило себе быть поглощенным материализмом.

Я повсюду: на небесах, в аду, в подвешенном состоянии, в городе людей, в бесконечных измерениях, в добрых душах и на небесах. Не мучайте нас чепухой, знайте, что я Бог и на моей спине лежит ответственность за всю вселенную. Я очень занятой Бог, и мое бесконечное время драгоценно. Будьте похожи на них, и я умножу на триллионы, чтобы служить всем.

важность жизни

Жизнь – это мой величайший дар людям. Через это люди мечтают, сражаются, живут, любят, путешествуют, работают, имеют отношения со своими соседями и с самими собой. Душа отделяется от тела и следует своему естественному пути эволюции. Не бойтесь, в моем царстве есть много обителей. Великая проблема заключается в темной душе большинства людей, полной смертных грехов. Человек упорно бунтует и самодостаточен. Я ничего не могу сделать. Свободным выбором они осудили себя. Мне остается плакать от горечи по этим потерянным детям. Я предупреждал вас об опасности вашего греховного пути. Я сосредоточусь на тех, кого еще предстоит спасти, чтобы их пример не повторился.

«Хотя человек продвигается, покоряет пространства и другие звезды, но, если он не познает себя, ничто не будет иметь смысла; Смысл войны – разрушение и смерть, побеждает тот, у кого больше войск и боеприпасов. Война служит только целям могущественных, разрушая жизни и мечты; Любовь без всяких оговорок, даже если она безответна, вы редкое существо, чтобы иметь это чувство, чувствовать себя особенным; Сконцентрируйтесь на учебе и образовании, чтобы в будущем вы были послушным гражданином; Когда вы чего-то захотите, постучите, и это откроется, спросите, и это будет предоставлено; Наконец, всегда ищите мудрость Богов, чтобы они освещали ваши решения. Без него ничего не строится, ничего не прогрессирует».

Я заклинатель змей

Я спустился с небес в поисках закоренелых грешников, тех, кто по тем или иным причинам забыл истинного Бога. Я пришел как заклинатель змей, чтобы они повиновались мне и, переродившись, превратились в послушных овец.

Я пришел, потому что хотел. Я посланник отца, полный любви и славы, освещающий его путь к отцу. Верьте, что я есть истина, путь и жизнь.

Угнетение человека и божественное милосердие

Даже перед лицом яростных противников не бойтесь зла, потому что я с вами. Я буду держать вас на путях, чтобы вы могли быть успешными во всем. Я делаю это ради чести и славы моего имени и для вашей верности.

Меня зовут любовь и милосердие, которые простираются из поколения в поколение. Я открыт для того, чтобы принять вас в Моем Царстве, если, по твердому убеждению, вы решите последовать за Мной. Я Бог, и я знаю все, что существует. Не лицемерьте меня!

Божественное спасение, когда меньше всего ожидается

По моему опыту, в жизни человека есть момент, когда он потерян, растерян и безнадежен. Этот этап я называю «Темной ночью души».

Что такое человек без Бога? Мы абсолютно ничто, и враг пользуется этой возможностью, чтобы соблазнить нас и окончательно завоевать нашу душу. Я чуть не упал. Однако божественная сила огромна и благодаря доброму ангелу я был спасен из лап Демона. Видя свое катастрофическое положение, я пообещал себе и своему духовному отцу радикальные изменения в моей жизни, и он забрал меня обратно. Мы способны!

Делайте так, как я делаю, и действуйте. Мы будем ждать вас с распростертыми объятиями, чтобы принять участие в нашем королевстве. В ней нет боли, страданий, смерти, разочарования или отвержения. Мы будем детьми одного отца и будем обожать его на горе Сион. Аминь!

ненавидеть упущение

В этом мире много несправедливостей, многие из них происходят перед нами. Чтобы быть со спокойной совестью и каяться у Бога, немедленно действуйте, добиваясь их исправления. Играйте свою роль хорошего гражданина для всех.

Не принимайте взяток и не молчите перед лицом зла. Мы здесь, чтобы бороться за добро, изменяя нашу реальность и реальность других. Будьте уверены, что Бог благословит вас за это.

Божественное обетование

Я Бог, истинный Бог, Который может изменить вашу жизнь. Не беспокойтесь ни о чем. Просто внесите свой вклад, и я помогу вам в ваших проектах. Если вы потерпите неудачу, не отчаивайтесь и продолжайте упорствовать. Ваша победа непременно придет благодаря вашим заслугам.

Однако, если вы отвергаете меня и закрываете глаза

на страдания вашего брата, не рассчитывайте на меня. Я справедлив с желаниями и усилиями. Только праведники останутся навсегда.

уметь различать

Я – добрый пастырь, а вы – мои овцы. Не каждый, кто говорит, Господь, заслуживает доверия. Но изучите его работы. Преданный слуга — это тот, кто предлагает превратить эгоистичные отношения в щедрые и обладает терпимым и творческим духом.

Моя миссия

Меня зовут Алдиван Торрес, также известный как провидец, сын Бога, Божественный или маленький мечтатель. Для меня большая честь передавать хорошие вещи человечеству через дар слова. Я нормальный человек с дефектами, качествами, мечтами и разочарованиями. Я просто стрелка, которая указывает путь, и я надеюсь, что вы идете со мной по ней до конца текста. Почувствуйте себя обнятыми и давайте продолжим!

Из тенистой бездны тьмы я позвал своего сына

Земля – это великое испытание для духов, которые живут в ней. Это место разочарования, предательства, соперничества, лжи и отсутствия любви. Однако, если вы мне верите, я могу трансформировать эту реальность. Будьте осторожны и пусть ваши враги не достигнут вас.

Я присоединюсь к хорошему, и их дружба будет истинной. Через мое имя они покорят абсолютно все, что необходимо для их выживания и счастья. В конце своей земной жизни они войдут в мое царство и смогут завоевать важные позиции. Это те, кто работал больше всего для моего дела. Я делаю это ради вашего возмездия и ваших заслуг.

доверьтесь мне больше

Я ваш Бог, и мое имя Бог: Всемогущий, вездесущий и всеведущий. Независимо от вашего нынешнего состояния, поверьте, что я могу действовать и изменить вашу историю. Имейте больше веры. Я освободил Израиль от египетского рабства. Я вообще не изменился. Я могу сделать для вас великие дела.

Изображенный в бесчисленных культурах, я был сильно обижен человеческой глупостью, высокомерием и злом. Я не тот Бог, которого они рисуют. Я есть любовь, верность, мудрость, щедрость, терпимость, мир, гармония, понимание, оптимизм, мужество, вера, прощение и непостижимое милосердие. Поэтому узнайте моих истинных последователей через эти качества.

Вредители из Египта

Подобно тому, как Бог действовал в прошлом с

сильной рукой против египетского угнетения и от имени израильтян, Он постоянно действует против тех, кто ищет зла в земле. Рано или поздно глупцы падут и оплатят счет за все свои грехи. Его имя – Справедливость, а рука Бога сильна.

Следуйте неявным и ясным заповедям Царства Господа, и вы построите безопасный путь к спасению. Человек, рядом с которым бог, подобен укрепленному каменному дому, который ветры и бури жизни не могут разрушить верой и консолидированными ценностями.

Истребитель

Пусть знак истребителя в Египте послужит для вас примером. Когда человеческое разложение достигает своего пика, Бог действует вашей силой и истребляет все зло. Во всей вселенной нет никого похожего на Бога. Пришло время задуматься и принять твердое решение изменить свою жизнь.

Израиль как пример миру

Бог сделал великие дела для Своего народа, но это не ограничивает только Его. По правде говоря, все народы, вероисповедания, расы и конфессии принадлежат ему, и нет никакого различия в выборе тех, кто присоединится к его царству. Он хозяин всего, что существует. Поэтому не гордитесь тем, что вы являетесь частью какой-либо конкретной группы. Это не имеет значения.

Я пойду с тобой до конца света

Паломничество израильтян в пустыне и общение с Богом является ярким примером того, как он может действовать вместе. Почему Он отвернулся от нашего общения здесь, на Земле? Нечестие в мире возросло, и потребности в нем стали меньше. В целом существует больше равенства и справедливости, чем в прошлом.

Прошедшее событие было крайне необходимо из-за гнева египтян, которые преследовали народ Божий. При его присутствии не было оснований опасаться того, что закрепилось в прохождении Красного моря. Благословен Бог!

Субботний день

Вот, человек должен работать и успевать отдыхать, сказал Бог. Хотя бы один день отдыха в неделю, чтобы вылечить его усталость. Независимо от дня, это придется сделать.

Я живая вода и еда

Для тех, кто последует моему слову, не будет недостатка в еде и том, что пить. Даже потому, что я настоящая еда и питье. Об этом беспокоиться не стоит. Посмотрите на полевые лилии, которые не работают и не плетут! И все же ни один Соломон во всей своей красе не одевался так же хорошо, как они. И если Бог носит сорняк поля, который теперь является линчевателем, а завтра брошен в огонь, разве вы не думаете, что Он даст вам то, что нужно, люди с такой малой верой?

поднятые руки

С поднятыми руками я прошу у вас благословения для моей семьи, друзей, знакомых, мужа, компаньона, коллег, наконец, для всего человечества. Я также победитель во всем. Защити все мои мечты и работы своим именем. Аминь.

заповеди

И сказал Бог все эти слова:

«Я Господь, Бог твой, Который забрал тебя из Египта, из земли рабства.

«У тебя не должно быть других богов, кроме меня.

«Не делай тебе ни идола, ни образа чего-либо на небе, ни на земле, ни в подземных водах.

Ты не будешь падать ниц тебе и не будешь служить им поклонению, ибо Я, Господь, Бог, Тот, Кто Я есть Бог, Который наказывает детей Моих за грехи отцов их до третьего и четвертого поколения презирающих Меня, но Я дам им, за Господа заповеди Твои, за Господа, любовь Твою и охраняю заповеди Мои.

«Не бери имени Господа Бога твоего, ибо Господь не позволит тому, кто возьмет имя Его напрасно.

«Помни субботний день, чтобы освятить его.

Вы будете работать шесть дней, и в них вы будете

выполнять всю свою работу, но седьмой день – это суббота, посвященная Господу Богу твоему. Вы не будете делать никакой работы в этот день, ни вы, ни ваши дети, ни ваши слуги, ни ваши животные, ни иностранцы, которые живут в ваших городах.

Ибо за шесть дней Господь сотворил небо, землю и море и все, что в них существует, но на седьмой день Он упокоился. Поэтому Господь благословил седьмой день и освятил его.

«Почитай отца твоего и мать твою, чтобы ты мог долго жить на земле, которую дает тебе Господь, Бог твой.

«Не убий.

«Не вмешивайся.

«Не укради.

«Не давай ложных показаний против следующего твоего.

«Не желай дома ближнего твоего». Не желай жены ближнего твоего, ни слуг твоих, ни быка твоего, ни осла твоего, ни чего-либо, что принадлежит ему».

Я не хочу человеческой крови

Столкнувшись с неверностью моего народа, вместо крови я предпочитаю разлуку. Я делаю это, потому что предпочитаю верить в примирение, даже если это в конце жизни.

Я сделаю себя известным

Я не избирательный Бог. Я готов открыть себя человеку, который демонстрирует глубокую любовь, уважение к моему имени и следование моим заповедям. Но до каких пор придется ждать кого-то достойного? Нечестие полностью покрывает землю, и я не знаю, как долго я буду терпеть.

меня зовут справедливость

Ты действительно не знаешь меня! Исследуя грех мира, здесь я дам возмездие за ваши поступки еще при жизни и в духовной жизни дополню это счастье или агонию. Человек расплачивается за свои ошибки из-за закона возврата. Будьте уверены в этом.

истинный акт щедрости

Я есть Бог, альфа и омега, начало и конец. Мне ничего не нужно, чтобы существовать. Кто помогает ближнему, я обещаю тебе победу на земле и счастье на небесах?

жертва за грех

Забудьте все, что было сказано о ритуалах отпущения грехов. Мой сын был живой жертвой, которую я использовал, чтобы очистить вас раз и навсегда. Овладейте этим даром и победите раз и навсегда злого вокруг вас. Не позволяйте себе грешить больше в любой момент вашей жизни. Это возможно для человека, когда он полностью подчиняется моей суверенной воле.

Что такое нечистое?

Нечистое – это все, что имеет пятно греха, и это встречается только у людей и демонов. Нет никакого вреда в потреблении любой здоровой пищи. Не то, что входит в ваше тело, загрязняет вас, а язвы, слова, действия и намерения, поскольку они исходят от сердца.

вопрос о заболевании

Иметь болезни как процесс совершенствования души. Все, хорошие или плохие, должны пройти через это, потому что человек действительно не вечен. Останутся ли ваши дела и если они плохие, то что даст человек в обмен на свою душу? Хорошо поразмышляйте и взвесьте свои действия, пока не стало слишком поздно.

Ритуальные формальности

Когда вы представляете себя мне, приходите с радостью, удовлетворением и готовностью изучать мои стандарты. Не дискриминируйте своего брата, потому что он менее презентабельный. Являетесь ли вы Богом, чтобы познать свое сердце? Знайте, что действительно важно ваше отношение, характер и консолидированные ценности, которые вместе образуют человеческую душу.

Вопросы, связанные с сексом

Есть некоторые отвратительные вещи в этой теме: зоофилия, педофилия и инцест. Кроме того, обладают здоровой сексуальностью и свободны от загрязнений. Если вы состоите в браке или в стабильных отношениях, уважайте своего супруга или партнера и, если вы одиноки, уважайте свое тело. Я желаю чистых слуг во всех отношениях.

делать все в нужной мере

Будьте сдержанны, терпеливы, настойчивы и с правильной мерой для всего. Все, что является преувеличением, разрушает и встает на вашем пути ко мне. При этом ваше пребывание на земле будет продлено.

Проблема гомосексуализма

В человеческих обществах много обсуждается этот вопрос. Если вы хотите руководства, я скажу, что для меня важно ваше счастье. Я прошу вас не дискриминировать тех, кто имеет другую сексуальную ориентацию, так как это выше вашей собственной воли. Уважайте его и дайте ему поддержку, в которой он нуждается, чтобы он мог жить со своим выбором. Теперь очень редко можно найти такую же приверженность среди людей того же пола, что и среди людей противоположного пола.

те, кто во тьме

Перестаньте критиковать другого и судите себя. Каждый взрослый человек несет свою ответственность. Если вы не оплачиваете расходы другого, зачем вмешиваться? Уважайте его индивидуальность и вместо того, чтобы судить его, надейтесь, что он найдет лучший путь и поддержит его в его решениях.

Жить постоянной благотворительностью

Мир — это большое колесо обозрения, и, если ваш сосед падает, ваш долг — поддержать его в муках. Проявляйте сострадание к тому, кем вы являетесь, и Я очень благословлю вас. Тот, кто этого не делает и остается в бездействии, я обещаю, что не услышу ваших криков о помощи в самый критический момент вашей жизни.

Относитесь к другим так, как вы ожидаете, что с вами будут относиться

Будь то босс или слуга, не порабощайте и не пользуйтесь доброй волей своих братьев. Перед этим относитесь ко всем с равенством и оперативностью. Всегда помни о моих уставах, переданных святыми, и не греши.

безусловные отношения

Я Бог, твой Бог, и независимо от твоего поведения Я

дам тебе дождь и солнце, еду и питье. Также действуйте таким образом со своими детьми.

Обещаю свою поддержку

Не бойтесь. Я ваш Бог, Который может все и Который все видит. Я люблю тебя и сделаю невозможное в твоей жизни.

праведник будет владеть землей

В грядущем царстве я соберу своих самых преданных слуг и превращу их в миллионных полководцев. В эту новую эпоху не будет смерти, страданий, боли, печали или несчастья.

Я никогда не брошу тебя

Я даю вам понять, что независимо от вашего психического состояния и физического состояния я не брошу вас. Я твой остроумный отец, который понимает тебя даже перед лицом неудачи в надежде на улучшение или примирение. Я твоя настоящая любовь и друг. Всегда помните об этом во всех ситуациях.

практиковать прощение

Практикуйте прощение, не переставая. Дайте брату

все шансы на выздоровление. Однако, если он останется в грехе, это будет на его собственный риск.

Равноправие

Все мужчины равны независимо от расы, социального класса, пола, ориентации или каких-либо особенностей. У всех должны быть одинаковые возможности и одинаковое обращение. Никто не виновен, пока его вина не доказана, но помните, что я знаю все, и мое правосудие не подводит.

Я тебя люблю

Человечество полно греха и зла, но я все еще люблю вас, потому что я создал вас. У меня есть бесконечное чувство к вам, в которое ни один ум не может заглянуть. Вы один народ и одно тело по приказу моих возлюбленных детей. Верьте в мое обещание!

Уверенность приносит победу

Возьмем мой пример: из маленького мечтателя в Пернамбуку я стал всемирно известным писателем. Это делает мою мечту реальностью и делает меня великим человеком. Для вашего же блага это будет гарантировано вам как справедливость за ваши усилия. Но иногда мы не понимаем неудач и отказываемся от борьбы.

Я выбрал тебя

Эй, ты, не грусти, если мир часто тебя не устраивает и подводит. Заповеди, которые я оставил через ваших пророков, и тогда я возьму вас в землю, где течет молоко и мед. Кроме меня и моего избранника, вы найдете истинное счастье, за которое невозможно заплатить.

Вот, мое спасение будет совершено

Хотя тьма хочет опустошить вашу жизнь, справедливая всегда в безопасности. Я лично буду заботиться о вашем личном будущем и буду благословлять вас во всех ваших работах. Я избавлю тебя от всего зла!

Истинное наследие

Сосредоточьтесь на земле, чтобы всегда делать добро своему ближнему, независимо от того, кто вы. Добрые дела дадут вам право участвовать в моем будущем царстве. Не кладите материальные сокровища на землю, где моль и ржавчина разъедают и где воры воруют. Я гарантирую: там, где ваше сокровище, ваше сердце также будет.

Серьезность обещаний

Не обещайте того, что не можете никому доставить. Вместо этого работайте над тем, чтобы ваши заслуги были признаны. Человек стоит своего слова.

Я не хочу больше войн

Стремитесь увековечить мир, диалог и гармонию между собой. Война приносит только позор. Сохранить человеческую кровь, потому что это важно для меня.

Опасность изображений

Я – Бог, Всемогущий, и во Вселенной нет ничего, что могло бы представлять меня или содержать меня. Мои освященные дети также не хотят, чтобы их изображали за то, какую чистоту можно найти в глине. Я дух, и то, что питает меня, — это действия хороших людей.

Будь осторожен

Будьте благоразумны с лжепророками, которые утверждают, что говорят от моего имени. Следите за своими плодами, потому что, если они плохие, дерево тоже не хорошее. Бог тоже не заряжает ничего подобного мне. Я не взимаю плату за свою защиту. Не будьте дураками, чтобы попасть в ловушку!

Я ищу хорошего и верного человека

Старайтесь идти своим путем с честностью, харизмой, целеустремленностью, трудолюбием, упорством в неудачах, помогайте любить страждущих. Я хочу, чтобы праведник рядом со мной правил вместе со мной. Исправьте ошибки и постарайтесь начать все сначала.

Если вы примете твердое решение последовать за мной, я обещаю, что все ваше темное прошлое будет забыто, и мы начнем новую историю. Дайте себе шанс быть счастливым.

Я Бог

Посмотрите, каким чудом Вселенной они живут и насколько прекрасны, обширны и бесконечны все вещи. Все это было делом рук моих рук! Все отлично, вы даже не можете себе представить, насколько больше моя сила. Так что не сомневайтесь, что я смогу изменить вашу жизнь. Я начало, середина и конец вещей. Я дам вечность тем, кто этого заслуживает.

Нет золотой середины

Вы должны решить, на чьей вы стороне. Либо присоединяйтесь ко мне, либо рассеивайтесь. Повстанцы будут сожжены, как солома в море огненном, а праведники будут сиять, как солнце в царстве своего отца.

Вопрос о послушании

Я полезный, любящий и понимающий Бог. Однако я требую исполнения моих законов, верности и послушания, связанных с моей суверенной волей. Именно я позволяю дыханию жизни в ваших ноздрях. Будьте скромны и просты во всех ситуациях.

Вот путь спасения

Вот, я снова пожалел человеческое стадо. Через моего слугу я хочу достичь его и вести их с целью спасения. Всегда слушайте его, потому что у него есть мой дух. Им будет гарантировано счастье и успех. Я сделаю вас настоящими победителями. Те, кто побеждает, — это те, кто находит свою «Собственную Истину».

Не забывайте о своем происхождении

Соблюдайте осторожность момент победы. Когда Я поставлю вас в число великих, имейте достаточно смирения, чтобы узнать, кем вы были и ваши истинные друзья. К гордым Я снова опущу тебя, чтобы ты не мог снова подняться. Вы не знали, как быть благодарным в момент вознесения.

Будьте примером

Когда мужчина достоин, он является примером для семьи и для общества. Дурак – это позор матери и отца.

Уважайте свободу и веру каждого из них

Помните, что толерантность имеет основополагающее значение для гармоничного сосуществования в обществе. Если ваш брат думает иначе, чем вы, не судите его, потому что есть бесчисленные пути, которые ведут в мое царство.

Помощь бедным

Пусть ваше сердце пожалеет ваших менее любимых братьев. Не будьте настолько скупы, чтобы думать, что это не ваша проблема, потому что Бог возложит на вас ответственность.

Не присоединяйтесь к плохим парням

Старайтесь ладить с хорошими людьми, натурой и хорошим поведением. Ни в коем случае не будьте другом злых, извращенцев, клеветников и колдунов. Может случиться так, что по их влиянию вы пойдете по тому же пути».

Действуйте позитивно

Не советуйтесь с демонами или оракулами для каких-либо целей. Имейте больше веры в Бога, вашего Бога, и Он направит вашу жизнь на правильный путь.

Вот, Я среди тебя

Я Бог и не могу жить среди вас. Чтобы мое слово было известно, я пошлю своих слуг, и они будут направлять вас о моей воле. Те, кто примут меня через слово и исполнят заповеди, будут вознаграждены Царством Небесным. Поэтому те, кто отвергают моего сына, отвергнут меня, потому что он говорит от моего имени.

Уважайте права других лиц

Как гражданин, человек имеет права и обязанности. Пределом вашего права является право другого, и между ними должны быть гармоничные отношения.

Опасность языка

Язык – небольшой, но крайне опасный орган. Именно через него выходят клевета и сплетни о чужих жизнях. Чтобы достичь Царства Божьего, выбросьте каждый орган, который он вызывает скандал, иначе все его тело будет брошено в ад. Это значит, что вы должны его контролировать, чтобы никому не навредить.

Специальное сообщение

Эй, ты, с другой стороны, я хочу говорить с тобой особенно от всего сердца. Независимо от того, что было сказано в прошлом, я хочу сказать, что понимаю вас. Не имеет значения ваш литический вариант, цвет кожи, раса, этническая принадлежность, убеждения или какая-либо специфика. Все они мои дети, и у меня открыты двери, чтобы принять их в моем царстве. Так что то, что человек заслуживает именно побед, а вечный покой зависит исключительно от вашего выбора.

Перед лицом греха я просто плачу

Вот, Я дал вам свободную волю идти своим путем.

Если мое дитя сознательно склоняется ко злу, я только сожалею. Я никогда не буду заставлять вас что-либо делать. Каждый владеет собой и вытекающими из этого последствиями.

Любовь должна быть прожита полностью

Никогда не будьте с кем-то, кто вас не любит. Это вызовет страдания и разочарование, когда все закончится. Любите или любите того, кто действительно на вашей стороне.

Будьте внимательны

Поймите мотивы другого, даже если они противоречат вашей воле. Иногда у нас нет всего, понимаете. Истинное счастье будет найдено на небесах только для тех, кто его заслуживает.

Уважайте товары других

Не стоит ревновать и не стремиться воспользоваться благами других, потому что он работал день и ночь, чтобы получить его. Делайте так, как он делает, и стремитесь достичь своих целей, и я благословлю вас.

Основные права

Каждый гражданин имеет право на здоровье,

образование, любовь, доступ к рынку труда, понимание, хорошую подготовку, поддержку со стороны общества, свободу, политическое участие, здоровую окружающую среду и достойные условия устойчивости. Не ожидайте, что правительства будут действовать в соответствии с этим. Сделайте свое правосудие.

Право быть счастливым

Каждый мужчина имеет право жениться, строить дом со своей женой, иметь детей и быть счастливым. Но если вам случится понравиться человеку одного пола, и вы решите жить вместе, я не буду вас упрекать. Они также представляют собой концепцию семьи.

Отправление правосудия

Оценивая дело, постарайтесь быть максимально справедливым. Мой отец – Бог, который наблюдает за поведением людей, и, если они становятся испорченными, Он попросит рассказать о каждом совершенном грехе.

Право на землю

Вот, я поставил мужчину и женщину возделывать мой сарай. Эта связь охватывает все явные и неявные значения. Именно через это я буду судить каждого из них.

Почтить память

Есть некоторые особые слуги, которые выделяются в обществе своими делами. Это наследие передается из поколения в поколение. Дети должны почитать своих родителей, увековечивая свое имя прежде всего. Это обязанность и право.

Не причиняйте вреда другому

Каждый человек, каким бы он ни был, имеет право на уважительное отношение со стороны каждого. Терпимость, щедрость, дружба, сотрудничество и любовь – мои требования для вхождения в мое царство. Поэтому я не признаю предрассудков вместе со мной.

Равенство, свобода и братство

Относитесь ко всем одинаково, независимо от того, кто вы. Также уважайте свободную волю и будьте братскими со своим братом.

Знайте, как быть благодарным

Не будьте тем верующим, который просто просит вашего отца непрестанно благодарить вас. Также знайте, как работать над достижением своих целей и будьте благодарны за все, что у вас уже есть.

Будьте верны

Не отклоняйтесь влево или вправо, потому что, если вы не выполняете свои религиозные обязательства, не требуйте внимания от отца за свои проблемы. Отношения с заводчиком — это улица с двусторонним движением, где оба должны быть удовлетворены.

Награды

Не спешите, у вас будет эта жизнь именно такой, какой вы ее заслуживаете. Если вы были плохими, мятежными, беспорядочными, неверными, мошонками, бессердечными и глупыми, ваше будущее будет морем огня и грязи. Не думайте, что я Палач Бог за то, что говорю так резко. Я был любящим, ласковым, понимающим, деликатным, верным и справедливым, я буду покрывать вас благословениями все время. Я обещаю, что никакой вред не дойдет до вашего дома. Я делаю это в обмен на ваши хорошие услуги. Так тому и быть.

Моя любовь больше всего на свете

Посмотрите на землю и ее жителей: она полна зла, отчаяния, разногласий, недоразумений и разочарований. Тем не менее, перед маленькими праведниками, которые все еще существуют, я благословляю вас. Я также не перестаю давать дождь и солнце всем. Относитесь к другу или врагу хорошо, и ваша награда на небесах будет велика.

Не беспокойтесь о непонятном

Хотя человек прогрессирует в технологиях и, следовательно, в открытии тайн Вселенной, он не сможет понять все. Они находятся за пределами человеческих возможностей и представляют собой саму тайну. Вам достаточно верить в мои чудеса и в мою добрую волю.

Обведите свое сердце

Более важным, чем физическое обрезание, является обрезание сердца и сделать его хорошим для каждой хорошей работы. Держитесь подальше от зависти, гордости, гнева, жадности, чревоугодия, уклончивости, похоти и других зол. Это мои заповеди, и они будут иметь основание для дома против всех жизненных бурь.

Злоупотребление доверием

Позаботьтесь о том, чтобы быть верным и полезным со своим Богом и с теми, кого вы любите, потому что, как только ваше доверие будет нарушено, оно не вернется. Останется только пепел того, что было когда-то.

то, что я ненавижу

Я ненавижу клевету, сплетни, злобу, предрассудки, нетерпимость, разделение, отсутствие любви и отсутствие веры. Миру нужно больше Божеств.

Кто меня любит?

Одна вещь, которой научила меня жизнь: истинной любви, которую мы ожидаем от мира, не существует, есть только игра интересов между людьми. Истинную Божественную любовь мы можем испытывать от родителей (в некоторых случаях) и от Бога. И даже перед лицом тьмы я уверяю вас, что не оставлю вас в покое. Просто верьте в Мое имя и следуйте Моим заповедям, воплощенным в действия, которые приносят пользу другим.

Я источник жизни

Я есть Альфа и Омега, начало и конец. Я могучее дерево, которое штормы не могут опрокинуть. Мои плоды видны прежде всего и свидетельствуют обо мне. Я могу быть твоей силой в борьбе со злом. Я могу защитить вас, потому что я лев Давида, единственный и неповторимый. Во всей вселенной нет никого больше меня, и, если вы искренне отдадите мне свою жизнь, я буду заботиться о вас как о любящем отце. Мое имя вечно, и меня можно назвать Мессией, царем царей, владыкой владык, Христом, маленьким мечтателем, сыном Божьим или просто любовью.

Не верьте шарлатанам

Часто ходит много слухов о конце света, и хотелось бы прояснить несколько вещей. Сейчас не о ком беспокоиться, потому что конец света не близок. Если бы они были, я бы вам сказал. Продолжайте увековечивать доброе дело отца. Жизнь на земле останется надолго.

Не отчуждать через религию

Посмотрите, что никакая доктрина своими догмами не внушает вам страха по отношению к моей воле. Поскольку я люблю вас так сильно, я дал вам свободную волю, и даже если вы согрешили, я продолжаю любить вас и ждать хороших новостей. Я не злобный и мстительный Бог. Любой, кто по-настоящему знает меня, знает, что я непостижимая любовь и милосердие.

Я не бог войн

Меня зовут жизнь, мир, гармония, сотрудничество и любовь. Я никогда не нахожусь в центре войн, конфликтов или несчастий, потому что они вообще ничего не решают, служа лишь катапультой силы для сильных.

Человеческая кровь имеет для меня большое значение. Я обеспокоен нынешними событиями насилия и тем, как они создают все более смертоносное оружие. Где окажется человек? Знайте, что абсолютно ничто не может помешать естественному ходу вещей, созданных мной.

Будьте рациональны

Будьте уверены, что все, чем вы живете сегодня, является результатом прошлых действий. Справедливо то, что получает каждый. Если вы потерпите неудачу, не вините меня или судьбу. Неудача является результатом плохого планирования. Попробуйте найти решение своей проблемы и начните все сначала или измените свою стратегию и фокус.

дух единства

Для достижения успеха вам необходимо развивать сотрудничество между собой. Сила единства – это то, что приводит к реальным изменениям. Имейте это в виду.

Месть

Если кто-то вас обижает, простите. Это лучшее средство для беспокойной души. Месть приносит только плохие результаты.

Ценность опыта

Нет истинного обучения без ошибок. Когда вы терпите неудачу, попробуйте проанализировать недостатки, чтобы исправить их. Двигайтесь вперед с новыми ожиданиями.

Я проявляю себя в смирении

Иисус является величайшим примером того, что Бог проявляет Себя в смирении. Несмотря на то, что он был королем королей, он соизволил быть сыном плотника, живущим в нищете всю свою жизнь.

интрига

Я не одобряю разобщенность или дискуссию. Я хочу, чтобы вы способствовали здоровому диалогу и уважали друг друга. Я создал вас для согласия, а не для раздора.

опасность власти

Сначала ищите Мое Царство. Забудьте о ценности материальных вещей, власти, конкурентоспособности и жадности. Только тогда вы будете свободны принимать Мои заповеди.

Опасность коварного партнера

Лучше побыть в одиночестве, чем в плохой компании. Какой смысл быть с кем-то, если этот человек не любит вас? Она будет ждать первой возможности предать вас.

Выберите подходящего человека

Не спешите вступать в брак. Имейте необходимую зрелость, чтобы хорошо выбрать своего партнера. Хотя у нас нет сердца, будьте разумны. Оставайтесь с кем-то, кто действительно ценит вас.

Пример священства

Если кто-то с твердой волей посвящает свою жизнь выполнению моей работы, он должен вести себя в соответствии с этой миссией. Он должен быть достойным, послушным, повинующимся моим законам, милосердным, понимающим и преданным. Не используйте темноту, чтобы спрятаться. Посмотрите в лицо миру и будьте собой. Это намного лучше, чем лгать себе, потому что меня никто не обманывает.

Божий проект

Вот, я ставлю знак среди вас, и избранный будет говорить за меня. Он не является ни величайшим, ни самым сильным из людей, но он самый милый и самый красивый. В нем моя мысль откроется миру, как никогда не видели. Кто он? Его имя загадочно и вечно.

Бог суверенен

Я – Бог, единственный всемогущий. Нет ничего и никого сравнимого со мной во всей Вселенной. Моя суверенная воля должна быть исполнена во всех существующих измерениях.

Я сделаю тебя победителем

Перед лицом трудных и гигантских препятствий верьте в меня, что я дарую вашу победу. Сила человека не в оружии или в мускулистых руках, а в моей пользу. Вы видели, что я сделал в прошлом для Израиля? Она столкнулась с самыми могущественными нациями, но, будучи моей избранницей, я заставил ее одержать победу над всеми врагами. Таким образом, я также сделаю это для тех, кто не имеет вероисповедания, религии, этнической принадлежности, местоположения или какой-либо специфики.

Не весь ад может победить меня

Я точно знаю, через что вы проходите. В вашей жизни так много несчастий, испытаний и проблем, что в вашей душе часто возникает уныние. Не бойся, сын мой. Рядом с вами лев Давида, чистый дух, посланный Богом. Передо мной нет власти, царственности или власти, потому что я Царь королей и владыка лордов. Несмотря на то, что весь ад напал на него, это не может навредить ему, потому что я буду защищать его своей славой. Поднимите настроение, буря пройдет, и наступит затишье. Ничто не вечно в этом мире, кроме моих слов.

Любовь

Любовь – это самое сильное чувство, которое существует. Это делает нас полными и делает существ более совершенными. Любовь — это гораздо больше, чем прикосновение, влечение или удовольствие, это духовно.

Вы не можете видеть любовь или меня, но вы можете чувствовать это. Это привилегия редких душ.

Не имеет значения, является ли это взаимным, принятым или понятым. Просто любите и покажите это миру. Не бойтесь, если объектом любви является человек одного пола. Любовь не выбирает пол, сексуальную ориентацию, социально-экономический или политический статус. Это просто случается.

Может быть, человек, которого я люблю, никогда не прочитает это, но это будет вечно в моем сердце. Не имеет значения, разделяет ли нас жизнь, или мы больше не видим друг друга. Моя любовь вечна и абсолютна. То, что я чувствую к нему, замечательно, это не токсичные отношения, которые многие люди представляют.

Не говорите мне, что удовлетворение заключается в том, чтобы жениться и иметь детей, потому что я не верю в это. Это всего лишь социальная условность гетеронормативности. Многие люди женятся и совершенно недовольны своими партнерами. Быть счастливым — это что-то более интенсивное и внутреннее. Допустим, другой является дополнением, но мы можем просто быть одинокими и быть в порядке. Быть счастливым – это сознание духа.

Короче говоря, любить — значит принимать другого с его недостатками и качествами. Любить — значит давать свободу, необходимую для того, чтобы, если это так, другой мог следовать по их пути и быть счастливым. Поэтому любить – это отречение, и счастье нашей любви принесет нам неизмеримое благо. Любить – это превыше всего. Если я люблю, я существую.

Когда Давид закончил говорить с Саулом, Ионафан полюбил Давида, и Ионафан полюбил его, как самого себя. В тот день Саул сохранил Давида и не позволил ему вернуться в дом своего отца. Ионафан заключил завет с Давидом, потому что тот любил его, как самого себя. Ионафан снял одежду, которую носил, и отдал ее Давиду вместе с одеждой, мечом, луком и поясом».

Кто любит защищать и заботиться?

Многие люди утверждают, что любят друг друга, но часто это просто пустые слова. В первый момент несогласия, опасности или презрения они уходят и забывают, что говорили. Настоящая любовь – это совершенно уникальные моменты. Кто любит, так и понимает причины другого и через диалог пытается вступить в примирение? Истинные влюбленные могут даже физически разойтись по той или иной причине, но они всегда будут связаны через ум и сердце.

Можно ли восстановиться?

Жизнь принимает много оборотов. В один момент человек полон счастья, богатства, побед и успеха, а в другой момент позор падает, как стрела, разрушая все отношения в его жизни. Что делать в такой критический момент? Проанализировать текущую ситуацию, попытавшись разобраться в причинах, которые привели к ее падению. Из этого анализа попытайтесь удалить отрицательные моменты, чтобы исцелить их, и положительные моменты, чтобы отразить себя. Предпринимая правильные действия, вы можете полностью оправиться от боли и попытаться продолжить свою жизнь. Что абсолютно ничто не является совершенным или построенным, и эта вера движет горами. С Божьего благословения день за днем, ваше существование будет полностью обновлено.

Миссия человека

Вот, я поставил человека на землю, чтобы заботиться о ней и ее ближних. Некоторые с большими или маленькими миссиями, однако, все они важны для меня. Верьте в мое имя, и я смогу творить чудеса в вашей жизни.

Постарайтесь избавиться от негативных мыслей, которые поражают ваше сердце. Знайте, что даже великое зло имеет свой положительный аспект с важными уроками, которые необходимо извлечь. Знайте, как учиться в боли и быть благодарным за победу. Имейте оптимизм, креативность и планирование успеха. Со своей стороны, я вас очень благословлю.

Никто не обманывает Бога

Мужчина делает много проектов в своем сердце. Однако ни один из них мне неизвестен. Поэтому не хочется одеваться в ложную честь перед всеми, ведь вот кто знает его полностью и не обманывает. Если у вас есть дыхание жизни, и я заплачу вам в свое время. Тот, кто сеет добро, пожинает добро и наоборот.

Больше не будет несправедливости

«По имени и славе, клянусь самим собой, что больше не будет разногласий или ошибочных позиций, поддерживаемых моим именем».

Как действовать?

«Как бы вы отреагировали на отношение определенного человека, который думает только о том, чтобы причинить вам вред, преследовать вас и ненавидеть вас? Вы бы ответили взаимностью в той же мере?» Я думаю, что большинство людей сделали бы. Тем не менее, отношение, которого хочет Бог, — это отношение понимания, любви и прощения к вашему ближнему, другу или врагу, так часто, как это необходимо. Только так вы покажете свое превосходство духа по отношению к другим».

Сигнал

Вот, я выбрал из многих миллиардов своего сына, чтобы мое слово снова раскрылось. Он не самый сильный и не самый красивый из людей, но он самый мудрый. С ним будет мой дух, уверенность и сила. Через Мои заповеди человек будет спасен.

погибели

Неизбежно большинство душ будут потеряны из-за их мелочного отношения. В настоящее время в мире царит зло и редко можно найти кого-то с моим духом. Вот почему я всегда нахожусь в трауре и стремлюсь спасти то немногое, что у меня осталось.

Кто я?

Я хороший в человеческом обличье. Я есть альфа и омега, первая и последняя, начало и конец, я всемогущая, всеведущая и вездесущая. Я мессия, или просто Божественный для близких. Я любовь, справедливость, доброта, прощение, милосердие, терпимость, понимание, Я легион святых и ангелов, Я Богиня-Мать, также известная как Владычица Душ. Для меня нет невозможного термина, и именно поэтому я никогда не отказывался от своих мечтаний. Вот я здесь, и даже если я не знаю вас лично, я ваш большой друг в самые трудные времена. Я знаю ваши страхи, ваши тревоги и обещаю помочь вам стать настоящим победителем. Просто верьте и верьте в имя моего отца. Также верьте в меня, потому что нет никого больше меня во всей вселенной. Ваша победа рано или поздно сбудется. Так что продолжайте с надеждой даже в глубочайшей тьме.

Письмо сыну

Я здесь, мой сын, чтобы поддержать и утешить его в это очень трудное время. Я знаю вашу работу, заботы, кошмары, страхи, разочарования и ту внутреннюю волю, которая заботится о вас, которая просит вас отказаться от жизни. Вот, прежде чем вы станете вашим господином. Он больше всего, что сейчас происходит с вами. Я хочу, чтобы вы жили и преодолевали свои трудности. Самый храбрый из мужчин. В вашей жизни всегда будут страдания, проблемы и неудачи. Что изменится с моим присутствием, так это способ борьбы с ними. Со мной вы всегда будете оптимистичны, настойчивы и преданы своим проектам. Вы поймете, что у нас не всегда может быть все, но то, что вы получаете, должно быть благодарно моему отцу. Продолжайте практиковать Мои заповеди, и благословения упадут на вашу семью. Сначала ищите мое королевство и все остальное будет добавлено к нему.

В жизни каждого человека есть время познания под названием «Темная ночь души». Это период греха, дезертирства, отчаяния, тьмы, который, кажется, никогда не заканчивается. Однако это еще не конец. Мой ангел и он вытащит тебя из грязи и покажут мой свет. Если вы примете меня как своего личного спасителя, я преобразую вашу жизнь таким образом, что вы будете только преуспевать и счастье. Вы будете жить в общении со мной, и вы поймете, чего именно я хочу для вашей жизни.

Отношения между верующими и их Богом

1. «Вот, я твоя надежда, укрепленный город, который враг не может достичь или свергнуть. Приходи, сын мой, не бойся никакого вреда. Все решено и в рамках моего планирования. Вот, я терпелив и знаю

твои пути с самого начала. Как ты думаешь, я не страдаю, чтобы увидеть, как ты падаешь, предаешь меня с идолами и ходишь во тьме? Поскольку я создал все, я знаю, что это только переходная фаза. Я знаю, что боль приведет вас ко мне, потому что я единственный ответ на ваши проблемы. Я Бог, и это имя имеет силу, как никто другой. Верьте в мое имя и в моих детей. Вот, я буду ждать тебя с распростертыми объятиями столько, сколько нужно».

2. «Ничто не может против меня. Я самая мощная сила, которая существует во всей видимой и невидимой вселенной. Поэтому не подчиняйтесь никакой другой силе, кроме меня. Никто никогда не любил тебя. Я забочусь о тебе, в каждом страдании, боли, потрясениях, отчаянии, непостоянстве и неудаче. Я ваш Бог и единственный, кому можно доверять хранить ваши секреты. Я воистину твой камень, щит и крепость».

3. Я нахожусь в плохом положении. Признаюсь, что я согрешил, Господи, в столкновении с законом и Твоей суверенной справедливостью. Моя жизнь теперь совершенно темна, окутанная предательством, гордыней, погибелью, тьмой и грехом. Когда я полностью сдаюсь погибели, происходит большой сюрприз: вместо того, чтобы осудить меня, царь царей простил меня и дал мне шанс измениться. И он собрал меня в своем сарае, как блудного сына. Он научил меня, что прошлая

боль больше не существует и что он верит в меня. Эта заслуга кого-то имеет решающее значение в трудное время. Я вернулся к ходьбе в свете. С моими новыми ценностями мое существование полностью изменилось, и теперь я вижу только счастье, уверенность и надежду вокруг себя. Я Сын Божий в истине. Я могу передать эту благую весть всем грешникам моих братьев. Поверьте, что, если бы он изменил мою жизнь, он мог бы сделать то же самое с вами. Поверьте, братья!

4. «По правде говоря, когда человечество откроет истинный смысл помощи другим, оно приблизится к совершенству. В то время как человеческий разум эгоистичен и ищет взаимную систему обмена услугами, я нахожусь за пределами этого. Зло, справедливое и несправедливое присутствуют, и я не премину откликнуться на ваш призыв к улучшению условий жизни. Когда Я даю вам солнце и дождь, Я даю вам хорошее и плохое, не исключая никого. Делайте то же самое для друзей и врагов. Если ты сделаешь это, ты действительно будешь Моим сыном, и небеса будут даны тебе в качестве справедливой награды».

5. Мои враги собираются в сговоре против меня и моей семьи. Вот, они многочисленны и могучи, как боевые танки, окружающие меня со всех сторон. Ибо со мной ты. Даже если бы весь ад восстал против меня, я бы не рисковал жизнью, потому что Господь Лордов возьмет мое дело. Его имя свято

и увековечено из поколения в поколение. Ему все почитают, славят, сияют и поклоняются по праву!

Молитва тридцати

Я прошу Вас о вашей личной защите, Господь Бог, во всех моих личных и профессиональных делах. Подобно тому, как тридцать храбрых воинов защищали Давида от его противников, пусть тридцать ангелов твоей гвардии окружат мои пути: восемь на север и юг, семь на восток и на запад. Пусть ничто не ускользнет от твоего божественного света и твоего вдохновения полностью наполнит мое существо. Пусть я знаю, как сделать правильные шаги к моему личному успеху и в сотрудничестве с моим соседом. Пусть я почувствую боль каждого и как-то попытаюсь изменить неблагоприятную ситуацию. Это точно так же, как я делаю добро всякий раз, когда свет окружает мои проекты. Пусть я останусь безоговорочно в вере в вас и в лучший мир. Аминь.

Сострадательный бог

Я – сущность Земли, дух, который дует оттуда туда, но никто не знает, откуда он берется и куда уходит. Я есть источник, средство и конец всего сущего. В истории человечества меня иногда записывали как мстительного, злобного и нетерпеливого Бога, но все это ошибка. Даже если я не такой. Я высший и развился таким образом, что ни один человеческий или ангельский ум никогда не поймет. Воистину, те, кто знает меня, являются моими возлюбленными детьми. Своим примером они демонстрируют, что я есть любовь, милосердие, понимание, справедливость, прощение, союз, сотрудничество, терпимость, дружба, доставка, пожертвование, власть, слава и милосердие. Не обманывайтесь лжепророками, которые хотят только воспользоваться верующими.

Способ действовать так, как хочет Бог

В то время как люди ищут своей славы и падения врагов, я ищу общего счастья для всех. Делайте так, как делаю я. В самое трудное время постарайтесь любить врага, как если бы это были друзья. По правде говоря, если вы сделаете это, у вас будет пленное место на небесах в качестве командира миллионов, потому что мой дух с вами, кто-то, кто заботится о хорошем и плохом.

Человеческая кровь

Как мне больно, сколько крови проливается во имя мое, за власть и из-за гнева людей. Если бы вы знали только ценность всей жизни, они бы не действовали таким образом. Проклят тот, кто убивает ближнего по любой причине! Пусть мой гнев обрушится на его голову, и пусть у него не будет покоя ни днем, ни ночью до конца своей жизни. Это их царство.

Две проститутки и дело о споре мальчика

Этот практический пример наглядно демонстрирует любовь матери, которая может отречься от собственного сына, чтобы сохранить его жизнь. Таким образом, Бог также действует с нами. Несмотря на то, что он знает, что вдали от него мы будем в опасности и несчастны, он уважает наш выбор. В это мгновение все ваше прошлое, каким бы темным оно ни было, будет забыто. Это обещание моего отца.

Храм для меня

Я Бог и не пребываю в делах, совершенных человеческими руками. Храм должен быть местом воспоминаний и молитвы, как и любое другое место. Я стремлюсь пребывать в хороших людях, и поэтому требую от своих слуг безупречной праведности. Исследуйте Мои заповеди, и вы станете храмом святого Духа.

Вопрос о жертвоприношениях животных

Я Бог жизни, и я не позволяю своему поклонению быть связанным со смертью невинных животных. Вот, важна вся жизнь, от низкой бактерии до высшей из мужчин. Жизнь для меня священна и ни в коем случае не должна быть потрачена впустую.

Нет никого похожего на меня

Этот человек не следует за идолами и не верит в них, потому что есть только одна сила, способная спасти, и эта сила — я. Я тот, кто дарует победу воинам, а в неудачах я внутренний голос, который их утешает. Я рука помощи, которая помогает безработным, сиротам, вдовам, нелюбимым и бездомным. Сила, которая восстанавливает их союз в трудные времена. Я материнская любовь, которая никогда не прекращается. Это было результатом их выбора.

обещание

Я выполню свое обещание перед вами, праведным я всегда буду даровать успех, счастье, духовное состояние и защиту от ангелов. В свою очередь, неверные исчезнут с земли и обитают в озере огня и серы, которое было предназначено для них с самого начала. Не принимайте меня как Бога-тирана, я справедлив. Овцы и волки не могут жить в одном и том же месте. Вот, я небесный страж чистых душ, храбрый Давида. Я буду сражаться со своими ангелами против соблазнения сатаны, и я победу его раз и навсегда. Его время подходит к концу, и именно поэтому у него много ненависти к добру и к избранным.

У вас есть ценность

Не принижайте себя и не унижайте себя перед врагом. Знайте, что ваша ценность бесценна для меня.

Каждое качество ценится, и я призываю людей исправлять свои недостатки, всегда стремясь развиваться. В этом смысл жизни вместе с любовью. Если ваши проблемы, ваши страхи, ваши разочарования, разочарования, разочарования и потребности. Я ваш Бог, и я знаю его полностью. Работайте интенсивно с оптимизмом, иметь хорошие семейные отношения, с друзьями и особенно доверять своему имени. Среди них я единственный, кто не оставит вас, кем бы вы ни были. Я всегда буду питать твою надежду, чтобы, когда придет время, ты осуществил свои мечты.

Где вера?

Праведник должен иметь непоколебимую веру во все, за что я выступаю. Эта вера представлена через молитву. Это тесная связь между существом и творцом, где я могу слушать вас и анализировать возможности. Вы не маленькие, верьте в это. Для общения со мной святым не требуется никакого посредничества, но, если вы сделаете это добровольно, я не буду судить вас. Я просто хочу сказать, что вы должны быть достаточно уверены в себе, чтобы открыть свои желания непосредственно мне, как в отношениях отца и сына. Клянусь себе, что никто не останется без ответа.

Молитва справедливости

Господь Бог, максимальная сила, которая циркулирует

во Вселенной, я прошу Тебя о проницательности, чтобы мои действия всегда были хорошими и в сотрудничестве на благо других. Не позволяйте мне идти плохим путем и искажать права малышей в этом мире. Я также прошу об успехе в моих начинаниях в меру моих заслуг. Пусть бродяга не займет место рабочего за вашим столом, и пусть ваши суждения воздадут должное тому, что каждый делает на земле. Короче говоря, не допускайте увековечения ошибки ни в одном случае.

Из Египта я позвонила своему сыну

Каждый, чье имя записано в книге жизни, принадлежит мне, и даже если они разойдутся в одно мгновение, практикуя несправедливость и живя во тьме ценностей, я сделаю это таким образом, чтобы их сердце вернулось ко мне, и мы примирились. Видите Израиль в Египте? Сильной рукой я освободил своих детей из рабства и дал им просторную землю, где течет молоко и мед.

Одно объяснение

Некоторые скромные мужчины, живущие в бразильских интерьерах, обычно комментируют между собой режим дождей и приписывают мне эти функции. Здесь я хочу объяснить, что земля уже заранее запрограммирована в своих атрибутах, и я не вмешиваюсь в природные события. А как насчет человека, если я позволю миллионам страдать без пищи и воды?

Нет, эта концепция совершенно неверна. Возложить на правительства ответственность за неиспользование превентивных мер, смягчающих последствия засухи или наводнений. С развитием технологий уже можно прогнозировать среднее количество осадков за год и готовиться.

ВОЙНЫ

Войны служат целям великих людей земли, ищущих больше власти. Принесение в жертву жизней, пролитая человеческая кровь и разрушенные семьи являются следствием этого. Я не одобряю и не являюсь Богом войн. Я князь мира. Не впадайте в третью мировую войну, потому что из-за уже существующего летального оружия последствия будут непредсказуемыми.

Я до сих пор верю

Миллионы людей испытывают отвращение к тому, что я убиваю, ворую, обманываю, насилую и совершаю другие подлые поступки. Вот, Я делаю себя доступным, чтобы слушать вас и направлять вас на Мой Путь. Для меня нет невозможного случая. Все еще хорошее семя вот-вот прорастет, потому что никто не является полностью плохим. Что есть люди, разочарованные недостижением своих личных целей, и, следовательно, они концентрируются на практике плохого, как будто цели оправдывают средства. Душа будет размышлять и признавать бездну, в которую она упала, и именно в этот момент я хочу оказать вам свою поддержку и свое доверие. Если вы искренне покаетесь в своих грехах и будете стремиться к переменам, Я сделаю вас искупленной душой. Все прошлое будет забыто, и вы напишете новую историю, полную надежды. С тем добром, которое вы все еще будете делать, вы заплатите весь свой долг и войдете в мое королевство через входную дверь, потому что я хочу спасти всех.

Имейте веру

Вот, Я здесь, чтобы слышать вас и направлять вас, я ваш Бог. Мы решили ваши самые серьезные недоразумения. Верьте, что, призывая мое имя, вы получите конкретный ответ, относящийся к вашим устремлениям.

малость человека

Даже если человек своими усилиями достигает богатства, достоинства и великолепия, он все равно не в безопасности. Ветры и штормы не смогут обрушиться. Я обещаю счастье на земле праведнику, который уважает мое имя, а не тому, кто прославляет себя тем, что у него есть, потому что истинные блага — это те, которые представляют дела».

Не поддавайтесь злобе противника

«Много раз мы страдаем от преследований со стороны злых духовных сущностей. В этих возможностях мы должны показать свою верность, безопасность и веру в Бога. Предпочитайте быть неудачником в Боге, чем победителем с демо, потому что неудача может стать победой в нужное время, тем самым выполняя план Господа в нашей жизни».

лев Давида

Все по воле моего отца. Колесо жизни вращается, и тех, кто со мной сейчас, не будет там какое-то время. Вот, Я пришел на Землю, чтобы принести вам мир для самых высоких, тех, кто восстановит потерянное царство на протяжении поколений.

Я легион добрых духов; Я высшая любовь, которая спустилась на планету, чтобы собрать бродячих овец. Имеет значение, если я снова буду отвергнут, тот, кто это делает, не имеет своего имени, записанного в книге жизни. Мои слуги узнают меня и поверят в мое имя.

Мое царство – это место покоя, воспоминаний и неизмеримого счастья. Это место для остальных праведников. Вот, я приглашаю вас участвовать в его вероисповедании, к которому вы принадлежите. Я ищу людей, занимающихся служением другим на благо и эволюцию планеты. Кто твой сосед? Именно они больше всего нуждаются в любви и внимании, такие, как больные, сироты, вдовы, бездомные, проститутки и все угнетенные меньшинства. Это то же самое, что вы делаете со мной.

ярмарка не извращает

Моя радость заключается в служении моему Господу, в выполнении Его правил, заповедей и в том, чтобы всегда стремиться делать добро другим. Ничто в этом мире не может заплатить или купить это достижение. Деньги для меня – это просто средство выживания, не более того. Плохая вещь может стать хорошей в соответствии с судьбой, которую ей дана. Поэтому, если Бог дал вам условия, используйте материальные блага, чтобы помочь тем, кто больше всего в этом нуждается.

Скажи «нет» идолопоклонству

Я – Бог. Я начало, середина и конец всего сущего. Все было создано во благо и во благо. Из-за моей большой любви к существам я допустил свободную волю, чтобы люди могли строить свои планы. Это было причиной бед, но это также было в планировании.

Никто не знает меня, кроме моих возлюбленных детей, и именно через них я говорю с вами. Что глубоко раздражает меня на земле, так это слепое идолопоклонство существа, неспособного трансформировать отношения. Как слепой будет руководить слепым? Быть замеченным в моих работах. По правде говоря, нет никакой власти, силы или авторитета, кроме меня. Я всемогущ, всеведущ, вездесущ и несентиментален. Я Бог, который спас Израиль от египетского рабства. В моем словаре нет слова невозможное. Независимо от вашего страха, доверьте свои проблемы мне, и они быстро разрешатся не по вашей воле, а по судьбе, подготовленной для этого.

Бог обеспечит

Вот, в одном из регионов Израиля была разведенная женщина и двое ее детей. Эта женщина всегда боялась Бога, претворяя в жизнь его заповеди и законы. Во времена хорошего изобилия она всегда принимала меры предосторожности и оставляла резерв на оставшуюся часть года. Однако в этом году была неустойчивость дождей, и урожай был скудным. Из оставшихся шести месяцев засухи была только еда в течение трех месяцев. Ситуация стала нестабильной по всей стране, и с каждым днем надежды вдовы иссякали.

На неделе, когда у нее заканчивалась еда, бедный нищий приходил к ней домой и стучал в ее дверь и просил поесть с водой. Внутри, из-за его немногочисленных условий, чтобы иметь возможность помочь. Это был очень трудный выбор между нищим и выживанием его детей. Оставаясь тем, что у меня было, не задумываясь о последствиях.

После благотворительности нищий ушел, поблагодарив ее и благословив ее достижение. На днях она отправилась на поиски какой-нибудь профессии, которая дала бы ей минимум выживания. Она обыскала деревни рядом с ее резиденцией. Никто не может ей помочь, потому что они страдали с одинаковыми трудностями. Она вернулась домой грустной и смирилась до конца.

На полпути домой она чувствовала себя опустошенной посреди леса, не имея мужества вернуться домой и наблюдать за мученической смертью своих голодных и жаждущих детей. Во время ее арматуры рука коснулась ее и осторожно попросила ее подняться. Затем он связался с ней:

«Не бойся, дочь моя. Я видел, что ты сделал для этого нищего. Его добрые дела достигли моих ушей на небесах. Для этого не будет ни еды, ни питья для вас и всей вашей семьи, если вы живете.

— Как это будет?

«Мои ангелы нарядили вашу кладовую продуктами, пожертвованными моими верными слугами по всей стране. Вам не нужно беспокоиться о еде или питье. Просто следуйте моим заповедям, и все с вашей работой будет добавлено.

«Я верю!

«Продолжайте помогать моим овцам.

Тем не менее, мужчина исчез с ее фронта, как дым. Она продолжила свой путь уверенной, счастливой и обнадеживающей. Прибыв в свою обитель, она нашла своих детей счастливыми, сказав, что таинственный купец сделал несколько поставок продовольствия, оправдывая, что это был подарок, посланный королем. Она подтвердила, что доставленной еды было достаточно, чтобы поддерживать их в течение как минимум года. Она думала так же, как и эта вдова.

Немного света в темноте

С юных лет я искал путь Бога армий в приверженности их законам и правилам. За все это время я служу вам, у меня не было недостатка ни в чем, связанном с едой, питьем и интеллектом. Ты щедрый, понимающий, добрый и всегда ставишь меня в безопасности. Я твой маленький свет во время тьмы, потому что действительно большинство людей в мире стали источником зла, эгоизма и лжи. Против ложной морали я борюсь за справедливость, солидарность, достоинство, свободу и любовь к другим. Я стрела, которая ведет в страну наслаждений, где истинная ценность человека измеряется его характером и работой, в то время как в мире правит закон власти, богатства и влияния. Следуй за мной и верь в Бога, ибо у Него есть слова жизни.

Человек пожинает именно то, что посеял.

Вот, я щедрый, добрый и милосердный Бог. Однако, если человек ищет только зла, причиняя вред ближнему и действуя в его пользу, клянусь себе, что он не останется без наказания. Все неверные – мои враги. Однако, если еще есть шанс на выздоровление, пусть и небольшой, я пощажу их жизни.

Консультация со злыми духами

Те, кто ищет зла, чтобы узнать свое будущее или будущее других, не имеют поведения, одобренного мной. Если вы нуждаетесь, ищите свою семью или друзей, чтобы высказаться и поговорить о своих страхах, стыде и стремлениях. Мужчины должны играть свою благотворную роль в обществе без серьезных проблем. Именно Я осуждаю каждого из вас и даю вам дары, заслуженные вашими делами. Если вы действительно хотите посоветоваться с кем-то, поговорите со мной. Я ваш внутренний голос, и я буду знать, как слушать вас с терпением и направлять вас. Я ваш Бог, и я могу эффективно творить чудеса в ситуациях, которые могут этого потребовать. Верьте в меня, в мою суверенную силу и любовь.

Моя память останется навсегда

Жизнь быстро проходит, и именно поэтому я спешу исполнить волю моего господина. Я пришел не один, кто-то начальник послал меня в этот мир, чтобы я мог передать его слово именно так, как оно написано. Для тех, кто находится во тьме, и Я прихожу, чтобы принести божественный свет. Я хочу содействовать общему благу, чтобы добрые заповеди преобладали среди людей. Люди узнают модель, которой нужно следовать, полностью одобренную отцом. Я буду назван блаженным.

Моя цель состоит в том, чтобы расширить мою волю и волю моего отца во всем этом мире. Стрелы я буду прослеживать, и мои учения дадут покой и надежду душам, измученным и обеспокоенным жизненными бурями. С каждой выигранной битвой вкус победы будет порождать еще большую готовность двигаться дальше. Двигаясь вперед, люди будут добиваться достижений и пожинать плоды. Моим величайшим плодом на этой земле являются мои работы, которые содержат мои слова и слова моего отца. Эта работа останется навсегда.

Семейное значение

Семья крови или сердца – это благословение для человека. Это люди, которые ему дороже всего, участвуя во всех важных моментах своей жизни. Развивайте благополучие и гармонию со своей семьей. Также расширьте свой круг отношений, создавая настоящую дружбу. Если другой не отвечает, не настаивайте. Имейте достаточно любви к себе, чтобы понять, где именно вас хорошо любят.

Я преобрази твою жизнь

Мое имя всемогуще, и у меня нет ничего невозможного. Благодаря свободной воле человека я могу действовать и превращать слизистую желчь в чистоту ребенка. Я свет миру. Ничто не повлияет на него и на победу над врагами на земле.

Чудо

Я нахожусь в мире, присутствующем в сердцах хороших людей. Я живу и буду жить вечно среди вас. Не ищите меня на далеких небесах, я со смиренными, на собраниях, где проповедуется мое слово и среди великих, пытающихся воздействовать на них к колодцу. Лист не упадет с дерева без моего согласия, что не значит, что это оправдывает зло. Зло исходит из плохих сердец и своевременно расплачивается за свои последствия.

Несмотря на то, что я постоянно действую, иногда мне приходится творить чудеса, чтобы убедить жестокосердные сердца в том, что я Бог. Я до сих пор выполняю их, чтобы исправить несправедливость и продвигать добро.

Здоровье

Жизнь – это великий дар от Бога. Мы созданы для сотрудничества для общего блага и эволюции планеты, которая все еще находится в хаосе. На этом пути у нас есть победы, поражения, моменты счастья, слабости, отчаяния, стабильности, нерешительности между собой. Знание того, как бороться с каждым из этих факторов, имеет важное значение для хорошего пребывания на земле. Несомненно, худшим моментом, которому мы подвержены, является болезнь, которая часто наказывает душу очень болезненным и жестоким образом. Я желаю себе и ближнему сохранить здоровье, потому что иметь его легче бороться за остальных. Когда придет мое время, я хочу умереть здоровым из-за естественных причин, и у меня есть полная вера в то, что обо мне позаботятся.

Воспользуйтесь для Господа

Вот, я справедливо и заслуженно распределяю свои дары среди своих слуг. Моя цель состоит в том, чтобы они действовали таким образом, чтобы помочь друг другу развиваться. Воистину, я говорю вам: проклинай того, кто это делает. Когда я был на земле, я никогда не требовал от тебя ни копейки в обмен на мою помощь или чудеса. Я бы никогда не сыграл такой роли. В этом мире нет богатства, которое могло бы заплатить за мою любовь к человечеству.

Судьба

Судьба делится на два основных понимания. Одна из них заключается в том, что будущие события являются последствиями ваших действий и планирования на настоящее, а другая — это запланированная судьба, которая так или иначе должна произойти.

Убийца

Любой, кто отклоняется от естественного хода жизни, независимо от оправдания, будет проклят Богом. Куда бы он ни пошел, у него не будет покоя ни днем, ни ночью, и его плоды будут плохими. Его дни будут сокращены на земле, и, если он не падет кровью, он попадется на измену.

Правителям

Я обещаю благословение и руководство властям справедливо и боюсь своего имени. Я обеспечу богатство, процветание, стабильность и хорошее управление. Повстанцам я позволю их падению и упадку.

Любовь может превратиться в ненависть

Вот, Я владыка всего сущего. У меня есть бесконечная любовь к каждому, что порождается через мой кишечник. Однако, если некоторые из них сбиваются с пути и не признают мою славу, я буду относиться к ним так же. Я передам их во власть жала смерти. Я позволю их разрушению до тех пор, пока однажды по вашей собственной свободной воле вы не захотите измениться. В этот день ты снова будешь для меня как сын.

потомство Христа

Мессия был моим инструментом для достижения искупления человечества. Его потомки разбросаны то тут, то там, увековечивая его память из поколения в поколение. Они будут населять землю, если жизнь продолжит провозглашать Его славу и Его слово.

Ищите истинного счастья

Некоторые люди сосредотачиваются на преследовании личного удовольствия, богатства, власти, социального статуса, влияния и политики в свою пользу. Истинно говорю вам, что ни одно из них не приведет к полному счастью. Ваше счастье — это то, где лежит ваше сокровище, и, если это будет делать мою волю, все остальное будет добавлено к вам заслугами.

Вы верите?

Жизнь – это огромный клубок путаницы и недоразумений. Часто это жестоко наказывает просто оставивших их практически ни с чем. Что делать в таких ситуациях? Мы не должны сдаваться и сдаваться неудачам, это для слабых. Маленький мечтатель, я живой пример того, чего невозможного не существует. Даже перед лицом темной ночи глубинной души мой отец освободил меня и сделал меня настоящим победителем. Если вы хотите, я также могу дать ему кредит доверия. То же самое произойдет и с вами, если вы уверуете в то, что я проповедую, и в святое имя. Мы можем снова начать с нуля, построить новую историю и быть счастливыми.

Я хочу молиться за тебя

Если вы чувствуете себя огорченным и нуждаетесь в небесной защите, Я могу вам помочь. Люди постоянно просят меня молиться за них в трудных ситуациях, и результаты обнадеживают. Что бы отец не сделал для ребенка? Если вы, плохие, уже даете хорошие вещи своим детям, представьте себе Небесного Отца, Который свят?

Просто спросите меня. Итак, я буду молиться каждый день молитвой ниже, приказывая моим сущностям, которые защищают их.

Я призываю вас, Мигель Архангел, и подчиненные легионы, чтобы защитить нас от всех материальных и духовных невзгод. Для царственности, власти и суверенитета Бога я прошу вас о быстрых действиях в борьбе с врагами тела и души. И пусть ваш светлый и пылающий меч будет гарантией этого. Я особенно прошу, чтобы ангел-хранитель защищал такого-то (произнося имя человека) и сопровождал его в его деятельности на земле, чтобы, спотыкаясь о камни, он мог подняться и воздать славу Божию вместе с вами. Аминь.

Не будьте несправедливы

Жизнь состоит из хороших и плохих моментов, которые порой мучительно ранят человеческую душу. Среди людей принято говорить, что это была моя воля. Здесь я говорю вам, что это огромная несправедливость. То, что происходит, — это случайности судьбы, за которые я не несу ответственности. То, что я хочу для своих детей, это успех, здоровье и счастье, и все, что плохо, не мое дело.

истинный закон

«Каждому человеку на Земле была отведена важная уравновешивающая функция во Вселенной. Каждый из них получал дары и мотивацию, чтобы они могли развиваться и приносить плоды в своей работе. Некоторые подчиняются Моей воле, стремятся исполнить заповеди и увековечить добро на земле. Они сажают любовь и милосердие, собирая здоровье, счастье и успех. Это происходит в обмен на его работы, и чем больше он это делает, тем больше его заслуга будет для меня.

Есть несколько других, чтобы не сказать большинство, которые самодостаточны, горды и эгоистичны. Внешне они проповедуют мир, а внутри голодные львы. Они сажают шипы и собирают урожай бурь, огня и отчаяния. Они используют книгу жизни, стремясь нарушить жизнь праведников. Вот, в мой день я отделю их от своего стада, и останется только соломинка. Человек есть соль земли, и, если он потеряет вкус того, чего он стоит? Что может предложить человек в обмен на свою душу? Следите за своими работами и проходите новый курс, пока у вас есть время.

Вопрос о жертвоприношениях

Бесполезно приносить жертвы и оставаться с тем же отношением. Я хочу перемен в жизни, когда бродячие овцы признают бездну, в которую они погрузились, и обещают никогда больше не грешить. Если вы так решите, вы непременно получите мое благословение, защиту и прощение.

Всегда помни обо мне

Всегда помни обо мне, твоем Творце, прежде чем зло поразит тебя, и ты больше не узнаешь меня. Я всегда буду с вами, в земной и вечной жизни. Я буду знать, как понять ваши неудачи и благословить вас, потому что Я ваш Бог. Больше верьте в силы добра.

КОНЕЦ

www.ingramcontent.com/pod-product-compliance
Lightning Source LLC
LaVergne TN
LVHW011954070526
838202LV00054B/4921